꿈속에서 답을 찾다

DREAM GUIDANCE
Copyright © 2022 Machiel Klerk
English language publication 2022 by Hay House Inc.

Korean translation copyright © 2025 by SANGSANGBYEORI
Korean translation rights arranged with Hay House UK Ltd. through EYA Co.,Ltd.

• 이 책의 한국어판 저작권은 EYA Co.,Ltd를 통한
Hay House UK Ltd.사와의 독점 계약으로 상상벼리가 소유합니다.
저작권법에 의하여 한국 내에서 보호를 받는 저작물이므로 무단전재 및 복제를 금합니다.

꿈속에서 답을 찾다

꿈의 세계에게
그리고 그곳에서 우리를 인도하는 존재들에게

마히엘 클러크 지음 | 홍연주 옮김

일러두기

1. 각주는 모두 옮긴이 주입니다.
2. 표지 이미지와 본문 삽화는 모두 Shutterstock AI 생성기로 제작했습니다.

들어가며

길을 잃고 헤맬 때 꿈은 내가 있어야 할 곳으로 나를 다시 안내해주었다.

열 살 때 아버지가 돌아가시고 나서 나는 한동안 슬픔과 상실감으로 괴로워했다. 그 후 인생이 암울한 일방통행길 같기만 했던 이십 대 초반이 되자 꿈이 나를 인도하기 시작했다.

아버지가 세상을 떠나신 뒤 삶의 의미와 목적을 잃고 살던 어느 날 우연히 카를 융의 저서를 읽게 되었다. 그의 책들은 믿기 어려울 정도로 마법 같은 꿈의 세계를 나에게 소개해주었고 내 인생이 좀 더 나은 방향으로 향하게 되는 전환점이 되었다.

그때부터 꿈은 지금 내가 서 있는 곳이 어디인지 보여주고 미래를 위해 어떤 일을 해야 할지 방향도 제시해주었다. 꿈은 독특하고 온화한 방식으로 나를 돌아가신 아버지와 내 소명이 있는 곳으로 데려다주었다. 내 삶은 다시 즐거워졌고 삶의 의미와 목표를 찾았으며 다양한 생명력으로 가득 찼다. 이제 꿈은 내 인생의 열정이 되었고 나는 그 후로 계속 꿈을 연구하고 있다.

지금까지 나는 수십 권의 꿈 일기를 썼다. 구할 수 있는 꿈에 관한 책은 모두 읽었고 수많은 꿈치료사와 무속인, 융학파 분석가들과 의견을 주고받았다.

삼십 대 초반에도 나는 꿈에 푹 빠져 살았으며 퍼시피카대학원에서 심층심리학으로 상담심리학 석사학위를 받았다. 심층심리학에서는 전통적으로 꿈을 중요하게 여긴다. 석사학위를 받은 후에는 로버트 보스낙 교수가 개발한 꿈작업 방식인 체화된 상상력 기법을 삼 년 동안 익혔다. 2006년 이후로는 심리치료사로 일하고 있으며 지금까지 이만여 명의 내담자와 꿈 이야기를 나누고 분석했다.

이제 나는 전 세계를 돌면서 사람들이 꿈의 능력을 어떻게 이끌어내는지에 대한 이야기를 나누고 있다. 지금까지 아프리카와 유럽, 북아메리카 지역에서 꿈에 대한 워크숍의 촉진자로 활동하고 있으며, 일 년 동안 아시아 전역을 여행하기도 했다. 그러면서 나는 방문했던 모든 나라마다 꿈을 다루는 고유의 방식이 있다는 것을 알게 되었다. 아프리카 여행을 하면서 아프리카 샤먼들이 꿈을 다루는 방식도 배울 수 있었다.

내가 지금까지 꿈을 연구한 결과에 따르면 꿈을 가장 잘 다루는 방법을 한 가지로 설명할 수는 없다. 여러 가지 통찰적인 기법과 분석수단 그리고 다양한 관점으로 꿈을 대해야 한다. 누구나 꿈을 분석하고 꿈에서 느낀 감정을 실제로도 느낄 수 있다. 그 과정에서 교훈을 얻으며 꿈에 나오는 인물들과 관계를 맺고 대화할 수 있다. 또한 꿈속에서 자각한 상태로 의식하면서 꿈속 환경을 탐험할 수도 있다. 그리고 무엇보다도 우리는 잠에 들기 전에 꿈에게 질문할 수 있다. 그러면 꿈은 당신의 질문에 답해줄 것이다.

이 책에서 나는 바로 그 마지막 주제에 대해 이야기하려고 한다. 개인적으로 나는 꿈 세상과 공존하는 삶에서 더 풍요로움을 느낀다. 몸이 일어붙은 듯 압도당한 상황에서 꿈은 내가 임무를 지속할 수 있도록 격려해주었고, 때로는 사랑하는 사람들의 죽음까지도 미리 알려주었다.

2009년에는 꿈에서 나의 소녕을 보았다. 꿈속에서 나는 융의 저택이 내려다보이는 취리히호 위에 있다. 호수와 선착장은 융의 저택 뒤에 있고 옆에는 마당이 있다. 그리고 정사각형 콘크리트 연단이 그 선착장에 붙어 있다. 육십 대 후반이나 칠십 대 초반으로 보이는 융이 콘크리트 바닥에서 기둥들을 이리저리 옮기면서 좀 더 마음에 드는 구조로 바꾸려고 애쓰고 있다. 그러다가 융은 의자에 앉아 책을 읽기 시작한다.

그 순간 꿈이 잠시 멈추고 흑백 화면으로 바뀐다. 융의 연단도 사라진다. 그리고 뒤쪽에서 어떤 목소리가 들린다. "이 장면을 똑같이 그리셔야 합니다." 그림 그리는 일에는 자신이 없다고 생각하는데, 어느 순간 손에 연필에 들려 있다. 나는 직선을 그린다. 생각했던 것보다는 똑바로 그려낸다. 그 순간 잠에서 깬다.

나는 이 꿈을 융과 영혼을 중시하는 심리학 연구의 기반을 만들어내라는 메시지로 받아들였다. 우리는 융의 저택에 있는 마당이 아니라 그 마당이 확장된 곳에 있었다. 융의 이론만을 교조적으로 추종하는 것이 아니라, 융이 모든 영적인 전통을 탐험했던 것처럼 그의 업적 위에 새로운 것을 더하면서 계속 탐험해나가라는 뜻이 아닐까 생각했다. 그리고 그 꿈의 뜻에 따라 미국 유타주의 융학회와 온라인 교육단체인 융플랫폼을 시작했다.

나는 꿈작업을 언제나 실용적인 도구로 써왔다. 그 작업은 절대로 공허하고 모호한 활동이 아니기 때문이다. 이제 여러분은 우리의 일상에 직접 좋은 영향을 주는 꿈을 통해 삶의 추진력을 얻게 될 것이다.

십 년 전 나는 길고 생생한 자각몽을 꾸었다. 그 꿈에 등장한 인물들은 나에게 큰 도움이 되는 조언을 해주었다. 그 후 나는 꿈에게 질문하는 이런저런 방법들을 실험해보기 시작했다. 일 년 반 동안 잠들기 전 꿈에게 다양한 방식으로 질문하고 꿈의 대답을 살펴보며 어떤 질문 방식이 적절한지 생각했다. 이 과정에는 꿈작업에 열정적인 내 누이가 함께했다.

나는 꿈에게 건강과 창의성, 재정 문제, 사업상의 모험, 관계의 어려움, 사랑하는 사람을 찾는 방법 등에 대해 물었다. 때로는 산과 나무, 강에게도 질문했다. 나는 꿈이 미래를 예측할 수 있는지 알고 싶었고, 어떤 꿈이 죽음과 전생의 업 같은 실존주의적 주제에 대해 설명해줄 수 있는지 궁금했다.

혼자서 탐색하는 작업을 마친 뒤, 꿈에게 질문하는 '꿈배양' 주제에 대한 책들을 찾아 읽기 시작했다. 천 년 이상 꿈배양을 통해 치료 작업을 했던 그리스와 튀르키예의 고대 사원으로 순례를 떠나기도 했다. 인도네시아와 아프리카, 북아메리카 무속인들과도 많은 이야기를 나누었다. 꿈에 대한 개인적 경험을 토대로 여러 대륙의 다양한 무속인들과 꿈작업을 하면서 꿈작업 기법을 다섯 단계로 정리했다. 그리고 이 책을 통해 효과적인 꿈배양 방법을 알리고자 한다.

지금의 내가 있도록 인도해준 꿈의 세계에 크나큰 감사의 마음을 느낀다. 이 책에서 설명할 꿈작업 기법을 통해 여러분도 자신의 꿈과 더 친밀한 관계를 만들어나가기 바란다. 그리고 더 행복하고 더 많은 목표를 성취하는 인생을 만드는 데 꿈의 도움을 받기 바란다. 꿈의 통찰을 구체화하고 그 안내에 따라 살아간다면 여러분은 글자 그대로 꿈에도 그리던 인생을 살게 될 것이다.

추천사

꿈이 개인 내면에 숨어 있는 신비로움을 만날 수 있는 통로라는 사실뿐만 아니라 우리의 영혼이 의식과 연결되기 위해 밤마다 보내는 초대장이라는 사실을 저자는 잘 알고 있다. 내면세계와 대화를 시작하고, 누구보다 자신을 더 잘 알고 있는 근원적 세계의 인도를 받을 수 있는 방법을 알려주기 위해 저자는 다양한 발상법과 기법, 사례들을 이 책에 모아 놓았다.

— 제임스 홀리스 박사, *The Broken Mirror*

이 책에서 저자는 우리가 이해하기 쉬운 방식으로 꿈배양의 기본 원리를 설명한다. 그의 설명은 꿈배양의 방법과 이유, 역사적 배경과 선대의 방식까지 아우른다. 우리는 꿈배양을 통해 치유와 창조성에 한 발 더 다가갈 수 있다. 단지 우리에게 필요했던 것은 핵심을 놓치지 않는 단순한 안내서였다. 이 책이 바로 그 책이다.

— 로버트 보스낙, *A Little Course in Dreams*

이 책은 쉽고 유연하고 효과적인 방식으로 우리 내면의 지혜와 그 지혜가 전해주는 조언에 다가갈 수 있는 방법을 제안한다. 만약 당신이 자신의 꿈과 자신의 더 깊은 내면에 연결되고 싶다면 이 책이 전해주는 꿈배양 기법을 통해 자신만의 꿈 생활 가이드를 만들기 바란다.

— 로버트 웨거너, *Lucid Dreaming*

꿈은 우리 인생에서 가장 소중한 보물인 '영혼'을 제공하면서 마치 고대 그리스의 신탁처럼 우리에게 응답한다. 꿈이 선사하는 이런 신탁의 힘과 연결되는 법을 아는 이는 거의 없지만, 저자는 우리를 인도하는 꿈의 지혜를 풀어낼 수 있는 정확한 질문을 하는 과정을 한 단계씩 우리에게 알려준다. 이 책은 꿈 생활의 새로운 지평을 열고 새로운 가능성을 보여주며 우리의 마음과 영혼을 울린다. 꿈을 따르는 이라면 반드시 읽어야 할 책이다.

- 스티븐 아이젠스탓 박사(퍼시피카대학원 설립자, 꿈작업 방법론 개발자)

이 책은 꿈작업과 연구를 통해 저자가 알게 된 꿈배양 아이디어를 위한 풍부한 자료와 사례로 가득 차 있다. 저자는 책에서 고대 꿈배양 전통과 원주민 치유자들의 관점뿐만 아니라 현대 심리학과 꿈의 경이로운 영역을 꿰뚫는 저자만의 놀라운 통찰을 보여준다.

- 마이클 미드, *Awakening the Soul*

이 책의 저자 마히엘 클러크는 꿈을 주제로 주목할 만한 책들을 써왔다. 그의 책에서 우리는 꿈을 인생의 일부분으로 만드는 방법을 배울 수 있다. 특히 이 책은 명확하고 생동감 넘치는 방식으로 주요 논점과 이론을 다루고 있다. 정말 '탐험'적인 책이 나왔다고 생각한다. 이 책의 독자들도 책이 전하는 유용한 안내와 책을 통해 얻은 영감을 통해 자신의 꿈을 일상의 한 부분으로 만들 수 있기 바란다.

- 토머스 무어, *Care of the Soul*

영혼의 소리를 듣고 따르는 삶은 어떤 것일까? 밤마다 꿈이 전해주는 오래된 지혜를 만날 수 있도록, 이 아름답고 흥미로운 책이 우리를 그 해답으로 이끌어줄 것이다. 침대 옆에 두고 자는 것만으로도 당신의 인생은 충분히 변화할 수 있다.

- 티나 스트롬스테드 박사,
LMFTLicensed Marriage and Family Therapist), the Soul's Body® Center **책임자**

마히엘 클러크는 25년 넘는 시간 동안 꿈의 세계를 탐험해왔다. 이 책은 그의 심오하고 지속적인 꿈세계에 대한 관심의 집약체이기에 독자들이 자신의 꿈과 그 꿈의 의미를 탐험할 수 있도록 도울 것이다. 저자의 능숙한 안내를 따라가다보면 꿈으로부터 정보를 얻고 삶의 의미를 발견하며 인생의 수준을 한 단계 더 끌어올릴 수 있을 것이다.

- 다이앤 무쇼 해밀턴, *Compassionate Conversation*

우리를 인생의 가장 순수한 상태로 이끌어주는 꿈과, 현명하고 신성한 힘을 가진 꿈의 언어를 배우는 것은 즐거움과 지혜를 얻을 수 있는 위대한 근원이다. 아름답게 쓰인 이 지혜롭고 독창적인 책에서, 저자는 전 세계의 다양한 전통과 자신의 깊이 있는 경험을 펼쳐 보인다. 또한 우리가 꿈작업을 할 수 있는 새로운 방식과 깨어 있는 삶을 더 밝힐 수 있는 방법을 제시한다.

- 앤드류 하비, *The Hope and Engoldenment*

꿈은 지혜로운 친구다. 그리고 우리를 돕고 싶어 한다. 이해를 돕는 실제 사례들, 문화적 전통과 역사의 생생한 설명을 덧붙인 이 책은 독자들로 하여금 한 단계씩 고대로부터 내려온 참으로 실용적인 꿈배양의 기술로 빠져들게 한다. 꿈배양을 위한 의식과 올바른 질문의 중요성을 강조함으로써 저자는 독자들을 내면의 지혜로 이끈다.

- 클레어 존슨 박사, *The Art of Lucid Dreaming*

이 책의 서문에서, 저자는 자신이 방황하던 시기에 어떻게 꿈이 자신을 평안한 상태로 돌아오도록 도와주었는지 이야기한다. 멋지고 지혜롭고 실용적인 이 안내서는 자신이 있어야 할 곳으로 찾아가는 여정을 다섯 단계의 꿈배양 기법으로 설명한다. 곳곳에 위험이 도사리고 있는 요즘, 우리 모두는 자신의 목적지에 도달하기 위해 꿈의 지혜가 필요하다.

- 로버트 D. 로마니신 박사,
Victor Frankenstein, the Monster and the Shadows of Technology

저자의 꿈작업에서 질문하기 단계는 마치 심장 절개 수술 과정 같다. 이 단계에서 올바른 질문이라는 올바른 수술 도구를 사용한다면 심장을 무리 없이 절개할 수 있을 것이다. 꿈배양을 위한 올바른 질문을 던졌다면 다음 단계에서 자신이 상상도 할 수 없었던 흥미로운 꿈의 응답을 기대해도 좋다.

- 데니스 패트릭 슬래터리, *The Way of Myth*

이 책은 작지만 강력한 보석 같은 존재다. 저자는 인생의 많은 시간을 보내며 전 세계의 다양한 전통에서 조금씩 지혜를 모아 이 책에 담았다. 영혼을 찾기 위해 꿈의 정신과 만나고자 한다면 이 책은 그 어떤 책보다 도움이 되는 길잡이가 될 것이다.

- 조셉 캠브레이 박사, *Synchronicity*

차례

들어가며 ⋯ 005
추천사 ⋯ 011

1
꿈에서 찾는 해답
021

꿈의 창조력과 치유력 ⋯ 025

2
당신이 꿈꾸던 인생
029

꿈에서 깨달은 나만의 인생 ⋯ 032

3
어느 날 나에게 찾아오는 꿈
037

4
꿈과 조력자, 신비로움과 다이몬　　　049

다이몬: 길잡이, 재능 그리고 감독관 … 057
소명으로 이끄는 길잡이 … 061
다이몬과 함께 살기 … 063
인생의 목표를 이룰 때까지 … 065
우리를 도우려는 꿈 … 069

5
꿈배양가들과 관계 맺기　　　071

성공적인 아스클레피오스의 꿈배양 … 075
꿈의 인도를 받기 위한 순례 … 076
치유의 밤 … 079
꿈으로 연결된 역사와 문화 … 083
꿈에게 올리는 특별한 기도와 꿈의 응답 … 085
스칸디나비아반도의 한여름 밤 … 090
고대 기법으로 만나는 현대의 해결사 … 091

6
인생의 조력자, 꿈 만나기　　　095

삶에 대한 믿음 … 097
사람, 사랑과 맺는 관계 … 098
세상과 맺는 관계 … 101
영적 세계와 맺는 관계 … 104

7
인생을 바꾸는 아름다운 질문 *107*

진정한 대화를 위한 올바른 질문 ··· 111

8
오늘 밤 꿈에게 할 질문 *119*

잘 묻고 잘 듣기 ··· 120
당신의 질문은 살아 있는가? ··· 123
꿈질문의 의도가 더 큰 공익을 위한 것인가? ··· 127
당신의 질문은 충분히 구체적인가? ··· 130
당신은 꿈의 응답을 열린 마음으로 받아들일 수 있는가? ··· 134

9
사소한 차이로 결정되는 질문의 수준 *135*

닫힌 질문과 열린 질문 ··· 137
진단적·예측적, 처방적 질문과 요청 ··· 143
효과적인 질문을 만드는 여섯 가지 방법 ··· 146
이미지 형성과 체화된 상상력 ··· 153

10
꿈에게 질문하는 밤, 드림나이트 157

꿈질문 적어 놓기 … 159
자신만의 의식 행하기 … 161
드림나이트, 자신만의 의식을 만들기 위한 비법 레시피 … 163
드림나이트 성공을 위한 세 가지 재료 … 166
상징적인 의식 만들기 … 167
자신의 상황을 설명하고 제물 바치기 … 168
잠들기 전 명상하기 … 171
드림나이트 … 172

11
잠, 꿈, 기록 175

신체·정신 건강에 중요한 숙면 … 182

12
꿈작업과 배양된 꿈 185

꿈작업을 위한 네 가지 가이드라인 … 191
꿈작업을 위한 레시피 … 199
꿈작업을 함께할 드림팀 … 200
꿈에서 한 경험 … 201
꿈배양 질문과 꿈응답 … 206
꿈꾸고 난 뒤 얻는 깨달음 … 219
꿈과 맺은 관계 강화하기 … 222

13
꿈배양의 함정　　　　　　　　　　　　　　　　　　223

꿈은 솔직한 답을 보내주나요? … 225
듣기 싫은 것마저 알려주는 꿈 … 226
시련에 맞설 수 있도록 힘을 주는 꿈 … 230
꿈과 함께하는 인생이라는 게임 … 232
내가 결정한 나의 인생 … 234
사악한 의도, 고통스러운 삶 … 237
꿈배양 과정에서 빠질 수 있는 함정들 … 239
이 밤은 끝나가고 우리의 대화도 이렇게 마무리됩니다 … 242

나가며_ 인생이라는 게임과 꿈　　　　　　　　　　245

함께 풀어가는 문제들 … 248
꿈꾸는 인생 … 249

부록 1: 로버트 보스낙의 체화된 상상력을 이용한 꿈배양 … 250
부록 2: 꿈에게 할 수 있는 질문 … 262

미주 … 267

1

꿈에서 찾는 해답

마누엘라는 네덜란드에서 열린 꿈작업 강의에 참석한 이십 대 초반의 여성이다. 그 강의를 듣기 전까지 마누엘라는 깨어 있는 상태로 꿈에게 문제의 해결 방법을 알려달라고 요청한다는 개념을 알지 못했다. 강의 중 그녀는 자신의 근황을 다음과 같이 이야기했다. "요즘 저는 일상에서 겪는 스트레스를 감당하기 힘들어요. 계속 피곤한데 쉬지 못한다는 느낌이 들고요." 마누엘라는 문제를 해결하기 위해 중국 전통 의학으로 치료를 받아왔지만 전혀 효과가 없었다고 했다. 꿈에게 질문하는 방법을 배운 그날 밤 그녀는 잠들기 전 꿈에게 이렇게 물어보기로 했다. "왜 나는 이렇게 쉽게 스트레스를 느끼는 걸까요?"

다음 날 아침 나는 마누엘라의 꿈질문과 꿈에서 받은 답변을 상세히 설명하는 이메일을 받았다. 이메일의 내용은 다음과 같았다. "온몸에 문신한 어떤 여자가 있어요. 용감해 보이고 근육질이에요. 그녀가 나를 보더니 손가락으로 바다를 가리킵니다. 그녀가 가리키는 쪽으로 몸을 돌렸죠. 수면은 반짝이는데 그 아래로 해류가 흐르고 있어요. 해류가 여러 개인데 색깔도 밝기도 모두 달라요. 좀 신기하다고 생각하면서 바다로 들어가서 수영해요. 해류에 몸을 맡기자마자 저는 이미 그 해류를 타고 있어요. 제가 아무것도 하지 않아도 몸이 저절로 떠 있어요. 가라앉지 않으려고 노력할 필요도 없어요. 난생 처음으로 긴장을 풀고 있는 그 느낌이 너무 좋아요! 하지만 제가 다른 방향으로 헤엄치거나 해류와 반대 방향으로 가려고 몸부림치면 이내 기진맥진해서 엄청난 스트레스를 받고 물에 가라앉을까 봐 걱정이 돼요."

이 꿈은 비교적 해석하기 쉬운 꿈배양dream incubation으로 받은 응답이다. 마누엘라의 꿈을 살펴보면 그녀의 스트레스 수준이 '저항감' 때문임을 알 수 있다. 곧 인생의 자연스러운 흐름에 몸을 맡기고 그 흐름에 저항하지 않아야 마누엘라는 스트레스를 줄일 수 있다. 마누엘라는 이진에 꿈작입을 해본 적은 없지만 꿈이 보여준 응답에서 한 가지 명확한 메시지를 찾을 수 있었다. 자신의 꿈을 충분히 되짚어본 후, 마누엘라는 지금까지 자신의 인생에서 문제가 된 그 한 가지 핵심을 명확하게 알아냈고, 흥분과 안도감을 농시에 느꼈다.

마누엘라의 경험을 통해 꿈배양 과정을 완벽히 설명할 수 있다. 이 단순한 고대의 기법은 현대사회에서 거의 명맥이 끊겼다. 심리학과 관련된 꿈의 역사를 연구하는 과정에서 나는 꿈의 힘을 이용할 수 있는 방법을 다섯 단계로 정리했다. 마누엘라의 경험을 통해 그 다섯 단계를 이렇게 설명할 수 있다. 먼저 그녀는 바로잡고 싶은 문제를 확인하고 꿈에게 적극적으로 도와달라고 요청했다. 그다음에는 자신의 문제와 직접 관련 있는 좋은 질문을 만들어냈다. 그리고 마누엘라는 침대에 누워 꿈질문에 대한 명상을 하며 꿈의 응답을 더욱 선명하게 받기 위해 자신만의 의식^{ritual}을 치렀다. 마지막으로 마누엘라는 꿈의 내용을 곰곰이 되새기면서 찾아낸 교훈을, 두렵다는 감정에 사로잡힐 때마다 능동적으로 실천했다. 꿈에서 해류에 몸을 맡긴 채 평화롭게 떠 있던 경험을 되살릴 수 있었기 때문이다. 그리고 스트레스를 받는 상황에 처하면 혹시 자신이 해류를 거슬러서 헤엄치고 있는지 스스로에게 물었다.

    이 책의 목표는 여러분이 자신의 꿈이 갖고 있는 힘을 이용할 수 있도록 돕는 것이다. 마누엘라가 한 것처럼 말이다. 꿈의 세계는 당신과 연결되어 여러분이 던지는 가장 중요한 질문에 답해줄 기회를 기다리고 있다. 누구든지 이 다섯 단계를 이용해 자신의 꿈과 적극적으로 만날 수 있고, 그렇게 하면 성취감과 즐거움으로 가득한 인생을 안정적이고 순탄하게 살아갈 수 있다. 다시 말해 꿈배양을 알게 되면 자신이 꿈꾸던 인생을 만들어갈 수 있게 될 것이다.

꿈의 창조력과 치유력

꿈에서 답을 구하는 것이 새로운 일은 아니다. 많은 고대 전통에서 꿈의 세계는 신성시되었다. 꿈과 꿈을 다루는 사람들은 치유 능력과 사람들을 인도하는 능력으로 존경을 받아왔다. 꿈의 세계에는 치유의 힘과 자신의 내면을 들여다보는 데 필요한 지식이 있기 때문이다. 아프리카를 비롯해 다른 대륙에 남아 있는 토착 문화에서 사람들은 여전히 인생의 모든 문제에 대한 해답과 지혜를 꿈에서 얻을 수 있다고 믿는다. 다른 모든 영적 전통에서도 꿈을 다루는 사람들은 인간관계나 직업, 영적 의문, 창조적 작업 그리고 육체적·정신적 치료에 관한 모든 문제를 꿈에게 물어볼 수 있다고 생각한다. 그리고 더 즐겁게 생활할 수 있도록 도움을 받기도 한다. 꿈은 그런 도움도 줄 수 있다. 꿈배양은 간단한 개념이다. 아주 단순하게 설명하면, 꿈에서 명확하고 유용한 답을 얻기 위해 자기 전에 꿈에게 질문하는 방법을 배우는 것이다.

선동적인 꿈배양 관례들은 아주 살 성리되어 있다. 삼천 년 전 중국에서, 황제들은 정치적 사안이나 다가오는 전쟁에 대한 정보를 얻기 위해 꿈배양 기법을 이용했다. 기원후 천오백 년에 이르자 중국에서는 꿈배양이 일반적으로 이루어졌다. 그 당시 사람들은

"조상들이 원하는 게 뭘까?" "내가 과거에 합격할까?" "앞으로 가족과 마을에 어떤 일이 생길까?" 같은 질문을 꿈에게 했다. 더 나아가 스칸디나비아반도의 어부와 수렵채취사회의 아메리카대륙 원주민들도 꿈에게 가장 좋은 사냥터와 안전하게 머물 수 있는 곳이 어디인지 물었다는 증거가 있다. 심지어는 누구와 결혼할지도 꿈에게 물었다. 꿈에게 물어볼 수 있는 질문들은 수없이 많다. 이러한 꿈배양의 사례들은 거의 모든 영적 과정에서도 나타난다. 힌두교 경전인 《찬도갸 우파니샤드 Chāndogya Upaniṣad》에서는 꿈배양 전통을 자세히 설명하고 있으며, 티베트불교에서도 나로파 Naropa의 세 번째 요가*에서 꿈수행을 언급한다. 이슬람문화에는 '이스티카라 예

배Salat al-Istikhāra'**라는 꿈기술이 있다.

아프리카 샤먼들과도 여러 번 대화를 나누면서 그들이 꿈으로부터 정보를 얻는 방법에 대한 이야기를 들을 수 있었다. 꿈배양은 그들이 기억하는 한 아프리카문화의 필수 요소였다. 그들의 이야기를 듣고 나는 "위대한 영혼은 모든 것을 알고 있으며 항상 우리를 돕고 싶어 하는 것이 너무나 당연하다"라고 확신했다. 고대 그리스에서 행했던 꿈배양의 역사도 남아 있다. 아스클레피오스Asclēpios(그리스신화에 나오는 의술의 신)가 꿈배양 의식을 주관했고 그 의식은 천 년 이상 지속되었다. 정신적으로나 육체적으로 문제가 있는 사람은 아스클레피오스의 신전에서 의식을 치렀고, 이는 신성한 신전에서 하룻밤 묵기 위한 준비 과정이었다. 준비를 마치고 나서 긴 의자에서 잠을 자면서 치유의 꿈을 꾸었고, 의사는 그 꿈의 내용을 바탕으로 진단하고 치료 계획과 치료 방향을 정했다. 서양의학의 중심에는 꿈작업이라는 뿌리가 있었다.

현대사회에서 지크문트 프로이트Sigmund Freud와 카를 구스타프 융Carl Gustav Jung은 꿈의 중요성을 인식한 인물들이다. 그들은 꿈을

---

* 티베트불교의 위대한 스승인 나로파의 여섯 요가(투모, 환신, 꿈요가, 명광, 중유, 의전) 가운데 세 번째로 언급된다. 이는 자각몽을 통해 꿈을 의식적으로 경험하고 통제하는 수행으로 의식과 무의식을 연결해 깨달음에 도달하는 수행법을 가리킨다.
** 어떤 일을 결정하기 전에 근행하는 두 라크아Rakat 예배

통해 심리 발달에 도움이 되는 치유 정보를 얻을 수 있다고 생각했다. 치료 상담이 한 차례 끝나면 융은 내담자에게 이렇게 말했다. "자, 이제 당신의 꿈이 뭐라고 하는지 지켜봅시다." 그러고 나서 내담자의 치료 상황을 꿈의 세계와 상의했다.

　인간은 인생에서 가장 절박한 문제에 대한 해답을 언제나 꿈에서 찾았다. 그중 최고의 답은 이미 우리 안에 있다. 우리는 그 답들을 얻기 위해 꿈배양 기법을 배우고 익히기만 하면 된다. 다음 장에서는 자기 자신에게 가장 진실하게 살 수 있도록 꿈이 어떤 도움을 주는지 살펴보겠다.

2

당신이 꿈꾸던 인생

꿈배양을 통해 대담하게 인생을 꾸려나갈 수도 있고 꿈에 그리던 인생으로 변화시킬 수도 있다. 꿈배양으로 자신을 구속하고 있던 신념들에서 벗어나면 인생은 더 풍요롭고 즐거워질 수 있다. 이는 건강이나 직업 또는 연인을 찾기 위한 개인별 맞춤 해법이다.

아름다운 은회색 머릿결이 인상적인 칠십 대 후반의 제인은 자신을 돌보기보다는 남을 위해 헌신해야 한다는 종교적 전통을 중요히 여기며 살아왔다. 제인은 노인성치매로 인해 점점 거동이 불편해지는 남편을 보살피며 최근 몇 년 동안 힘든 시기를 보내고 있다. 몇 달 전부터는 아내, 간호사, 요양보호사, 요리사뿐만 아니라 한밤중에 화장실에 가는 남편의 간병인 노릇까지 하느라 이십사 시간 내내 마음 놓고 쉴 틈이 없었다. 제인과 같은 상황에 처한 많은 이들은 스스로에게 물을 것이다. 얼마나 많은 에너지를 쏟아야 했는지, 얼마나 더 쏟을 수 있을지 그리고 어느 정도의 에너지를 쏟아야 한다고 의무적으로 느끼는지. 제인은 내 꿈작업 그룹에 참여했다. 한 세션에서 모든 참석자는 꿈에게 다음과 같이 질문했다. "나를 가장 많이 속박하고 구속하는 신념은 무엇인가요?"

그러고 나서 제인은 이런 꿈을 꾸었다. "내가 어딘가에서 새로운 사람들을 만나고 있어요. 나를 소개하라고 해서 내 이름을 말한 다음 그 사람들한테 나는 융통성 없는 완고한 사람이라고 설명해요. 그런데 갑자기 내 안의 목소리가 소리쳐요. '아니, 그건 사실이 아니야!'라고요."

제인은 두 가지 의무감에 사로잡혀 있었다. 자신은 남편을 돌보는 인생에서 절대로 벗어날 수 없으며, 그럼에도 좀 더 너그러운 마음으로 더 헌신하고 불만을 갖지 말아야 한다는 생각이었다. 하지만 그런 의무감을 받아들이기 위해 자신의 능력으로는 감당할 수 없는 상황에서 버텨야 했고 그녀의 에너지는 곧 바닥나고 말았다. 자기 자신을 얽어매고 있는 생각 때문에 제인은 점점 더 많은 일을 해야 한다고 느끼게 되었고 결국 자신의 역할에 완전히 갇혀버렸다. 제인이 꾸었던 꿈은 그녀가 정말 열심히 일하고 있으니 충분히 쉬어야 하며, 남편을 돌볼 때 다른 사람의 도움을 받아야 한다는 내면의 목소리를 확인해주었다. 꿈은 제인 스스로를 사로잡고 있는 의무감을 내려놓는다면 더 행복해질 수 있다는 사실을 알려주었다.

꿈에게 도움을 요청하기 위해 질문하는 과정은 꿈배양 기법의 두 가지 중요한 측면을 반영한다. 첫째, 여러분과 꿈은 직접 연결되어 있다는 것이다. 둘째, 여러분이 받는 꿈의 응답은 개인적인 계시로 이해할 수 있다는 사실이다. 따라서 외부의 도움은 필요 없다. 결국 당신의 꿈이 목적과 의미를 찾을 수 있도록 길잡이가 되어 도와줄 것이기 때문이다.

꿈에서 깨달은 나만의 인생

꿈배양을 통해 우리는 꿈과 관계를 맺고 발전시킬 수 있다. 제인은 자신의 꿈에게 질문했고 꿈으로부터 답을 얻었다. 그것이 바로 그녀와 꿈의 관계다. 이런 관계를 더 많이 만들수록 우리는 내면의 목소리가 전하는 직관적 통찰을 더 자주 경험할 수 있고, 그와 함께 꿈이 제시하는 의견과 도움에 적절히 대응할 수 있게 된다.

모든 나이, 성별, 인종과 상관없이, 심지어 꿈을 전혀 기억하지 못하는 사람에게도 꿈배양을 실행할 수 있는 능력이 있다. 원한다면 누구나 언제든지 꿈과 관계를 맺고 발전시킬 수 있다. 꿈배양을 통해 개인은 성장하고, 다른 사람이나 책, 교리, 조직이나 물건에 대한 의존성은 점차 사라지게 된다. 자기 자신을 진정으로 사랑할 수 없게 만들고 결과적으로 꿈과 맺은 관계까지 망쳐버리는 모든 의존성을 꿈배양 과정에서 극복할 수 있다. 꿈배양은 꿈과 나 자신의 관계이기 때문에 다른 어떤 것, 어떤 사람도 개입할 수 없다.

    배양된 꿈을 꾸는 것은 개인적인 계시를 받는 것과 같다. 왜냐하면 꿈이 여러분의 질문에 대한 답을 보여주기 때문이다. 개인의 정신은 치유와 창조성을 만들어내는 꿈의 근원이다. 자신에게 가장 좋은 것이 무엇인지 알고 있는 것은 자신의 꿈이기 때문에 인생살이에 대해 조언하는 다른 사람들의 의견은 모두 무시해도 좋다.

    자신이 인식하지 못하는 심리적 맹점이나 속박적 신념^{limiting beliefs}을 제거해주는 공식 같은 것은 존재하지 않는다. 또 이런 상황에는 이렇게 대처해야 한다고 알려주는 인생의 교과서 같은 것도 세상에는 없다. 하지만 꿈이 바로 그런 일을 해낼 수 있다. 다시 한번 강조하자면 인생을 잘 살기 위해 누군가의 소언이나 책, 단체 등에 의지할 필요가 없다. 융이 말했듯 내 발에 꼭 맞는 신발이 다른 사람에게는 맞지 않을 수 있다. 내 꿈만이 내 발에 꼭 맞는 신발을 찾아줄 수 있다.

    꿈배양을 하는 동안에는 자기 자신이 인생의 지휘자이고 꿈과 함께 인생을 창조하는 공동 책임자다. 다른 사람에게 부탁해서 훌륭한 꿈질문을 만들거나 꿈을 분석하는 과정에서 실마리를 찾을

수는 있다. 하지만 꿈질문을 만들고 꿈의 응답을 분석하고, 꿈이 보내준 메시지의 시작과 끝을 찾아내는 것은 여러분 자신이어야 한다.

 카를 융, 불교나 힌두교 같은 동양 종교뿐만 아니라 다른 신비주의 전통에서 한결같이 개인의 인생 경험이 쌓여야 의식이 성장할 수 있다고 강조한다. 석가모니는 제자 아난다에게 왜 자신을 따르는지 물었다. 자신을 좋아하거나 믿기 때문인지, 아니면 자신의 가르침을 이해하고 스스로 그 가르침을 깨달았기 때문인지 물어본 것이다. 아난다가 석가모니의 가르침을 이해하고 스스로 그 가르침을 깨달아서라고 대답하자 석가모니는 만족했다. 석가모니는 그 누구도 석가모니 자신이나 그의 생각을 따라서는 안 된다고 강조했다. 오직 자신의 생각을 토대로 직접 경험해야 한다고 했다. 무언가를 믿는 것이 깨달음으로 이어지지는 않는다. 꿈배양도 마찬가지다. 자신의 질문에 대한 답은 자신의 정신 안에 숨겨져 있다. 꿈은 그것을 드러내줄 뿐이다.

# 3

어느 날 나에게
찾아오는 꿈

꿈은 일부러 찾아 나서지 않아도 이미 우리와 소통하고 있다. 꿈은 자연스럽게 꾸기 때문에 모든 사람은 꿈을 경험한다. 이처럼 자발적으로 나타난 꿈이 세계와 인류가 진보하는 데 이바지하도록 인도하기도 한다. 그 꿈들은 획기적인 통찰력, 창의적인 아이디어, 매혹적인 예술 작품이나 사회운동 등을 이끌어냈다. 과학 분야에서는 기존의 연구 업적들을 뛰어넘을 수 있도록 돌파구를 마련했으며, 생명을 살릴 수 있는 방법을 찾도록 이끌어주기도 했다. 이제 실제로 자신의 인생에서 꿈을 통해 도움을 받았던 인물들의 이야기를 소개하려고 한다. 이 꿈들은 배양된 꿈이 아니라 그 사람에게 찾아온 꿈이다. 인류에게 도움을 주었던 수천 개의 자발적 꿈들이 잘 정리된 역사적 기록으로 남아 있으며, 그중 우리에게 큰 영향을 준 몇 가지 사례를 살펴볼 것이다.

　런던의 한 우중충한 아침, 폴이라는 스물두 살의 영국 남자가 잠에서 깼다. 그는 조금 전 꿈속에서 귀를 사로잡는 멜로디를 들었다. 오래된 재즈 음악을 좋아하던 아버지가 들었던 멜로디인지 확실치 않았지만, 결국 기존에 있던 멜로디는 아닌 것으로 밝혀졌다. 처음에는 〈스크램블드 에그 Scrambled Eggs〉라고 부르다가 〈예스터데이 Yesterday〉라는 제목을 붙였다. 그리고 폴 매카트니 Paul McCartney와 비틀스 The Beatles가 만든 이 노래는 미국 라디오에서 가장 많이 방송되는 곡이 되었다. 전 세계 수백만 명의 귀를 사로잡은 명곡을 꿈이 그에게 전달한 것이다.

폴의 친구이자 비틀스 멤버였던 존 레논 John Lennon도 최고의 작품이 머릿속에 맴도는 상태로 잠에서 깨어난 적이 있다. 그는 "멋진 작품은 한밤중에 느닷없이 창조의 공간에서 당신에게 찾아옵니다. 그러니 일어나면 반드시 그걸 적어 놓아야 합니다"라고 말했다.

많은 창조적 작품들이 꿈의 세계에서 깊은 영감을 받았다는 사실은 잘 알려져 있다. 수많은 음악가들이 꿈속에서 자신의 음악과 조우했다. 이 책을 읽으며 여러분은 예술적 영감을 열린 마음으로 받아들이고 그러한 영감을 이끌어내는 방법에 대해 배우게 될 것이다.

모한다스 카람잔드 간디 Mohandas Karamchand Gandhi(마하트마 Mahatma 간디)가 자신과 국가의 운명을 바꾸어 놓은 역사적 이야기도 실은 꿈에서 영감을 받았다. 허름하고 간소한 옷을 걸치고 다녔던 깡마른 체구의 간디는 삼백 년 동안 이어진 식민지 시대를 끝내고 인도인

들이 평화롭게 해방을 맞이할 수 있는 기념비적 업적을 이루었다.

1919년 인도에서는 인도인들의 자유를 축소하는 법안*이 통과되었다. 간디는 법정에서 항의하고 반론을 제기했지만 받아들여지지 않았다. 법원 판결을 받고 그날 밤 간디는 꿈을 꾸었다. 다음 날 간디는 이렇게 말했다. "어젯밤 꿈에서 나는 이 아이디어를 얻었다. 꿈은 우리가 인도 전역에서 하르탈hartal**과 단식투쟁을 벌여야 한다고 말했다."[1] 그는 꿈의 제안을 실행에 옮기기로 했다. 그리고 4월 6일 인도 전역에서 금식이 시행되었다. 간디의 비폭력주

---

* 롤라트법Rowlatt Act을 가리킨다. 정식 명칭은 '무정부·혁명 분자 단속법'이다. 구속영장 없는 체포, 재판을 거치지 않은 투옥을 인정하는 등 민족해방운동 탄압책을 골자로 한다.

** 인도의 영국 상품에 대한 불매 동맹, 동맹 휴업

의와 수많은 단식투쟁은 그의 꿈으로 시작되었고, 그 꿈은 인도인들의 사회운동으로 이어졌으며 마침내 1947년 인도는 영국의 식민지 지배에서 벗어나게 되었다.

자발적인 꿈의 인도를 받아 꿈에서 만난 인물들이 제안한 생각을 바탕으로 예술 작품을 만들어낸 예술가도 있다. 윌리엄 블레이크William Blake는 18, 19세기 영국에 살았던 시인이자 화가, 판화 제작자였다. 어린 시절부터 강렬한 꿈을 꾸던 그는 꿈에 관심을 갖게 되었다. 꿈속에서 만난 인물이 어떤 장면을 그릴지 알려주기도 했다. 먼저 죽은 형제가 꿈에 나타나 조각을 더 잘할 수 있는 방법을 알려주기도 했다. 물론 그 조언은 들어맞았다. 오늘날 블레이크는 잘 알려진 시인이다. 그가 기록한 꿈에서 눈길을 끄는 부분은 그를 도와주려는 인물이 그의 꿈에 등장한다는 것이다. 먼저 세상을 떠난 형제가 그의 꿈에 나타난 것이 그린 경우다. 다음 장에서도 다루게 될 이런 꿈속 등장인물은 바로 '다이몬 $\Delta\alpha\iota\mu\Omega\nu$, daimon'* 또는 로마인들이 '게니우스genius'** 라고 불렸던 존재이며 이들은 개인의 인생

---

* 고대 그리스에서 'daimon'은 신적인 본성을 가진 존재를 나타내는 단어였다. 이들은 신이나 사람보다 더 높은 존재로 여겨졌으며, 개인의 운명이나 성향을 지배한다고 생각했다. 플라톤과 소크라테스는 이를 내적인 목소리나 직관, 영감을 제공하는 존재로 해석했다.

** 로마신화에 나오는 남성의 수호신으로 출생과 죽음, 성격과 운명을 관장한다. 또한 사물에 내재하는 영적 본질을 의미한다.

에 도움을 준다.

이미 세상을 떠난 사랑하는 이들은 꿈에 자주 나온다. 특히 강하고 격렬한 꿈일수록 그들은 더 자주 나타난다. 누군가가 내 꿈에 방문한다면 깊은 인상을 남기고 마음을 치유해주며 유용한 도움을 줄 수도 있다.

꿈은 예술뿐만 아니라 순수과학에도 영감을 주었다. 독일 태생 유태계 학자였던 오토 뢰비Otto Loewi는 1936년에 노벨생리의학상을 받았다. 꿈은 언제나 그에게 무언가를 암시했고 그는 그 중요성을 간과하지 않았다. 그날로부터 십육 년 전 부활절 전날 밤에 일어난 일을 뢰비는 이렇게 설명한다. "그날 밤, 잠에서 깬 저는 불을 켜고 얇고 작은 종잇조각에 몇 가지 내용을 휘갈기듯 적었어요. 그러고 나서 다시 잠이 들었죠. 아침 여섯 시에 일어났는데, 전날 내가 뭔가 중요한 내용을 적었던 게 갑자기 생각났어요. 하지만 뭐라고 적은 건지 전혀 이해할 수가 없었습니다. 그런데 그다음 날 새벽 세 시에 전날 밤에 써놓은 내용이 다시 떠올랐어요. 그 메모는 십칠 년 전에 제가 발표했던 화학적 신호전달에 관한 가정이 옳은지 확인하기 위한 실험을 설계한 것이었습니다. 저는 곧바로 연구실로 가서 지난 밤에 꿈에서 얻은 실험 설계에 따라 개구리 심장으로 단순한 실험을 했습니다."[2] 뢰비는 꿈의 도움을 받아 신경세포가 전기적 신호가 아니라 화학적 신호를 주고받는다는 사실을 밝혀냈다. 그의 꿈은 의학계를 새로운 지평으로 이끄는 새로운 아이디어를 주었다. 그에게 노벨상을 안겨줄 정도로 매우 혁신적인 아이디어였다.

지난 세기 꿈 연구 분야에서 가장 위대한 서양 석학 중 한 명인 융은 이렇게 말했다. "꿈은 내 인생과 내가 정립한 이론들의 모든 중요한 변화에 영향을 미쳤다." 융은 여든 살을 바라보던 말년에 그의 이론들을 정리해 일반인을 위한 개론서로 만들자는 제안을 받았다. 처음에는 그 제안을 정중히 거절했지만, 그 일이 있고 얼마 지나지 않아 꿈을 꾸었다. 그는 꿈에서 언제나처럼 자신의 서재에 앉아 전 세계에서 방문한 저명한 박사나 심리학자들과 대화를 나누는 대신 공공장소의 수많은 사람들 앞에서 연설을 하고 있었다. 그리고 그 사람들은 완전히 집중한 상태로 연설 내용을 이해하고 있었다.[3]

이 주 뒤 편집자는 일반 대중을 위한 책을 출판하자며 융을 또다시 설득했다. 결국 융은 그 제안을 받아들였고 이때 출판된 책이 《인간과 상징 Man and His Symbol》*이다. 이 책이 내가 읽은 융의 첫 저서

---

* 우리나라에서 처음 번역, 출간될 때 제목이다. 최근에는 《존재와 상징》으로 제목이 바뀌어 출간되고 있다.

였다. 나는 엄청난 감명을 받았고 이 책을 계기로 꿈의 세상에 발을 들여놓았다. 내가 꿈의 세계로 들어갈 수 있는 심리학의 문을 만들어준 융의 업적에 감사할 뿐이다.

모든 종교적 전통에서 자발적 꿈에 대해 다루고 있다. 그리고 그런 전통에서 꿈은 신과 소통하기 위한 하나의 도구이거나 영적 가르침을 받는 수단이다.

기독교의 《성경The Bible》과 이슬람교의 《코란Koran》에는 꿈꾸는 자이면서 꿈 해석가인 요셉Joseph이 감옥에서 동료 죄수들의 꿈이나 파라오Paraoh의 꿈을 분석해주는 이야기가 나온다. 요셉은 '예언적인 꿈' 또는 예지몽이라 불리는 미래에 관한 꿈을 해석했다. 그런 예지몽은 전 세계 문화에서 일반적으로 나타나는 꿈이다.

자발적으로 나타나서 우리를 인도하는 꿈들을 독보적인 천재들이나 유명인들만 꾸는 것은 아니다. 이런 꿈은 모든 사람에게 찾아온다. 다만 다른 사람보다 꿈이 하는 말에 더 귀를 기울이고 좀 더 잘 알아듣는 사람이 있을 뿐이다. 하지만 누구나 또렷하게 기억하는 꿈은 있다. 내가 마라케시에서 주최한 꿈 워크숍에 참가했던 한 남성 참가자가 들려준 다음과 같은 꿈 이야기는 그의 생명을 구해준 은인 같았다.

블룸폰테인에서 의대를 다닐 때 저와 형은 저의 고향인 포체프스트룸에 있는 인쇄소에서 대학교 신문을 학교로 가져오는 일을 했습니다. 왕복 600킬로미터 거리였기 때문에 대부분의 학생들은 그 일을 하겠다는 엄두도 내지 못했어요. 우리는 돈 때문에 그 일을 했습니다. 덕분에 부모님을 만날 수도 있었고 엄마에게 음식도 받아 올 수 있었기 때문이죠.

어느 날 우리는 자정이 되어서야 블룸폰테인에서 출발할 수 있었어요. 그날 밤 형과 내가 성가대 공연을 해야 했기 때문이었죠. 결국 형이 포체프스트룸까지 운전하는 동안 내가 자고, 내가 블룸폰테인까지 운전하는 동안에는 형이 자기로 했습니다. 충분히 쉬면서요. 그 당시 제 룸메이트였던 스티븐은 우리가 세운 계획이 너무 위험하다며 우리에게 여러 번 경고했습니다.

하지만 길도 익숙하고 남의 말을 들을 생각도 없었기 때문에 그냥 우리 계획을 밀어붙였습니다. 형이 운전해서 포체프스트룸에 새벽 세 시 정도에 도착했고 우리는 수천 장의 《이라와IRAWA》* 신문을 소형 승용차에 실었습니다. 그러고는 카페인 음료를 한 캔 사서 블룸폰테인으로 출발했고 형은 제 옆에서 잠이 들었죠.

---

* 남아프리카공화국의 프리스테이트대학교에서 발행하는 학생 신문

100킬로미터 정도를 달렸을 때 저는 그만 운전대를 잡은 채 잠이 들고 말았습니다. 정말 눈 깜짝할 사이에 일어난 일이었습니다.

잠든 사이 저는 꿈을 꾸었습니다. 꿈에서 저는 평범한 대학교 캠퍼스 기숙사 파티에 갔습니다. 많은 사람들과 어울리면서 맥주를 마시고 있었고 음악 소리가 들렸습니다. 기숙사 문으로 걸어 들어가자 제 눈앞에 긴 복도가 나타났습니다. 파티가 열리는 안쪽에서 시끄러운 음악이 흘러나오고 있었습니다.

사람들을 힘껏 밀치면서 저는 그 복도의 반대편 끝으로 걸어갔는데 거기서 룸메이트인 스티븐이 저를 기다리고 있었습니다. 그는 너무 화가 나 있었어요. 나에게 걸어오더니 멱살을 거칠게 잡고는 고래고래 소리를 지르며 제 얼굴을 주먹으로 쳤습니다. "내가 말했잖아. 운전하면 안 된다고 말이야!"라고 외치면서요.

그의 주먹이 얼굴을 치는 순간 저는 운전대를 잡은 채 잠에서 깨어났어요. 그때 차의 두 앞바퀴는 포장된 도로에서 벗어나 갓길의 자갈 위를 굴러가는 중이었습니다. 저는 차를 세우고 내려서 기적 같은 꿈이 우리 생명을 살렸다는 것을 알게 됐습니다. 저와 형은 남은 200킬로미터를 번갈아 운전하며 잠들지 않았습니다. 동틀 무렵 숙소에 도착해서 스티븐에게 꿈 이야기를 해주며 그 꿈이 내 목숨을 살려주었다고 말했습니다. 그는 그저 빙긋

웃으며 아침이나 먹으러 가자고 하더군요.

몇 년 전 나는 자발적인 꿈을 꾸었고 그 꿈을 계기로 유타주의 융학회_{Jung Society of Utah}*와 융플랫폼_{Jung Platform}을 시작했다. 그 꿈은 분명 내 소명이 무엇인지 알려주는 꿈이었다. 자발적으로 나타나서 우리를 인도하는 꿈들은 꿈꾼이의 인생에 도움을 주고 전 세계 수백만 명의 사람들에게 혜택을 안겨주기도 한다.

하지만 자발적인 꿈이 우리에게 오기만을 기다릴 필요는 없다. 우리가 직접 꿈과 관계를 맺을 수 있기 때문이다. 바로 꿈배양이라는 고대의 기법을 이용해 꿈의 도움을 받을 수 있다. 그러기 위해서는 현명하고 창조적인 영혼에게 도움을 청해야 한다. 꿈배양에 대해 알아보기 전에 먼저 꿈이 우리를 도와야 한다는 내재적 열망을 좀 더 깊이 들여다보자.

---

* 융심리학을 기반으로 하는 미국 유타주의 커뮤니티 플랫폼

4

꿈과 조력자, 신비로움과 다이몬

꿈은 우리를 도우려 한다. 제3장에서는 자발적으로 나타난 꿈의 도움을 받아 멋진 예술 작품이 탄생하고, 과학사가 획기적으로 발전했으며, 사회운동이 태동되고 심지어 목숨을 구했던 사례들을 살펴보았다.

그렇다고 해서 꿈이 우리를 돕기 위해 자발적으로 찾아올 때까지 기다리기만 할 필요는 없다. 오히려 주도적으로 꿈에게 도움을 요청할 수 있다. 연애나 직업, 재정 또는 건강에 관련된 온갖 문제들에 대해서 말이다.

오래전부터 인간은 외부의 도움을 받을 수 있다고 생각해왔다. 지혜에 관한 대부분의 전통에서 외부의 도움을 찾아보라고 권한다. 《마태복음 Matthew》에 나오는 다음 구절을 들어본 적이 있을 것이다. "구하라, 그리하면 너희에게 주실 것이요. 찾으라, 그리하면 찾아낼 것이요. 문을 두드리라, 그리하면 너희에게 열릴 것이니."(《마태복음》 7장 7절) 《성경》을 조금 더 읽다 보면 뒤쪽에는 앞의 구절을 다시 한번 확인하면서 강조하는 구절이 나온다. "하늘에

계신 너희 아버지께서 구하는 자에게 좋은 것으로 주시지 않겠느냐."《마태복음》7장 11절)[1]

이슬람교의 성서인 《코란》에서 알라^Allah는 말한다. "나를 부르라. 그러면 내가 응답할 것이다."[2] 알라는 먼저 도움을 요청하라고 말하며, 그 행위는 찬양받을 수 있는 행위로 인정받는다. 꿈을 통해 알라에게 도움을 청하는 것은 우주를 창조한 위대하고 자비로운 신을 만나기 위한 영적 수행이다.

13세기에 수피교^Sufism 시인이었던 루미 잘랄 아드딘 아르^Rūmī Jalāl ad-Dīn ar는 인간과 신성^the Divine의 관계를 이렇게 표현했다.

사랑을 찾는 이가 있어도,
사랑하는 이 역시 그를 찾고 있지 않으면 아니 된다.
목마른 사가 물을 찾아 부르짖듯, 물 또한 외친다.
"누가 나를 마시려 하는가."

루미는 인간과 신이 서로 사랑하는 사이라고 표현한다. 그리고 신성에 대한 우리의 갈망은 "너희에게 임하겠다"라는 신의 외침으로만 응답받는다고 말한다.

아프리카의 전통적인 치유법을 배우기 위해 떠난 여행에서 나는 다양한 아프리카 샤먼들과 수련할 기회를 얻었다. 그들은 아프리카 전통에 따르면 꿈의 세계에서 일차적으로는 조상들이 후손을 돕는다고 알려주었다. '조상'이라고 하면 혈연관계의 선대 가족을 의미하기도 하지만 이미 돌아가신 인류의 조상 누구라도 될 수 있다. 또한 영혼의 길잡이, 수호천사 또는 다이몬 같은 영적 존재를 뜻하기도 한다. 내가 경험했던 아프리카 전통에서는 일상적으로 조상과 관계를 맺으라고 권하며, 어려운 문제가 있거나 도움이 필요할 때 조상에게 그 사실을 알리라고 한다. 물론 조상이 먼저 나서서 우리를 도울 수도 있다. 그러나 아프리카 전통 치유법에서는 조상의 전적인 지지와 도움을 받으려면 우리가 먼저 요청해야 한다고 설명한다.

앞에서 설명한 모든 영적, 종교적 전통들의 공통점을 다음과 같이 말할 수 있다. 즉 우리가 받을 수 있는 도움이 외부에 있으며 그 도움은 능동적으로 작동하고 있다. 그렇지만 우리가 원하는 것을 구체적으로 요청할 때 꿈은 우리를 더 세심하게 안내해준다는 것이다.

한 가지 더 언급하고 싶은 꿈에 관한 전통은 현대 심리학에 기반을 두고 있다. 융의 수제자였던 마리-루이제 폰 프란츠 Marie-Louise von Franz는 이렇게 설명한다. "개성화 individuation가 실제로 일어나는 단계에서 개인 내면의 중심인 자기를 의식적으로 받아들이는 과정은 사실상 인격personality의 상처에서 시작된다." 에고ego(자아)는 두 개의 갈림길 앞에 서면 반드시 자기에게 도움을 요청한다.* 융 심리학에서는 자기를 '인생행로와 성장을 만들어가는 심리의 중심이며 꿈의 창조자'라고 설명한다.[3] 고전적으로 융학파의 이론에 따르면 자기는 통제적이고 지시적인 심리의 중심이며 개인에게 꿈을 보내서 도와준다.

꿈의 내부와 배후에 더 거대한 인식이 존재하고 있다는 것을 경험적으로 보여주는 또 다른 사례는 자각몽Lucid Dream이다. 로버트 웨거너Robert Waggoner는 현존하는 서양 최고의 자각몽 전문가이며, 꿈꾸는 상태에서 물어볼 수 있는 훌륭한 질문들을 발전시켜왔다. 그는 의식을 확장하는 여정에서 다양한 경험을 통해 한 가지 사실을 알게 되었다. 곧 자신의 자각몽을 통한 탐구lucid quest 과정에서 그를 돕는 '더 거대한 의식'이 꿈 뒤에 존재한다는 사실이었다. 웨거너는 그 꿈 이면에 존재하는 '더 거대한 의식'에 대한 정보를 사람들에게

---

* 융심리학에서 사용하는 용어들의 의미는 다음과 같다.
  • 개성화: 자기를 실현함으로써 진정한 자아를 발견하고 성숙한 인간으로 성장하는 과정
  • 에고(자아): 의식의 중심으로, 개인의 정체성과 현실에 대한 인식을 담당
  • 자기: 인격의 중심, 의식과 무의식을 통합해 완전성을 이루는 최종 목표
  • 인격: 개인의 내적 심리 구조와 외적 행동 양식을 모두 포함하며, 의식과 무의식의 상호작용을 통해 형성

전하고 가르치는 일에 매우 관심이 많다.

　이러한 모든 전통을 통해 한 가지 사실을 알 수 있다. 질문받는 상황을 긍정적으로 받아들이는 '신비로움^{Mystery}'이 존재한다는 것이다. 그리고 그 신비로움은 질문하는 사람이 인생의 특정 분야에 대한 도움을 먼저 요청할 때만 적극적으로 돕는다.

　나는 잠들기 전 꿈에게 다음과 같은 질문을 한 적이 있다. "꿈에게 묻습니다. 꿈에게 도움을 요청하는 것에 대해 독자들과 대화한다면 어떤 메시지를 보내고 싶은가요?"

　이 질문에 다음과 같은 꿈의 응답을 받았다. 회사에 한 여성 매니저가 있다. 능력이 뛰어나고 효율적으로 일한다. 나는 그녀가 매우 친절하고 유능하다는 인상을 받았다. 그녀는 훌륭한 매니저다. 지체 없이 남을 돕기도 하고, 상대방을 믿으면서 시간이 오래 걸리더라도 스스로 그 문제를 해결할 수 있도록 돕기도 한다. 두 가지 중 어떤 경우라도 그녀는 개의치 않는다.

　이 꿈의 응답을 살펴보면 신비로움은 언제나 돕고 싶어 하고, 기꺼이 그 일을 해낼 뿐만 아니라 심지어 매우 능숙하기까지 하다는 느낌을 받게 된다. 하지만 여기에는 자유의지라는 측면도 동시에 존재한다. 신비로움은 사람들이 어떤 선입견도 없이 그들이 온전한 선택을 할 수 있도록 기회를 줄 것이기 때문이다. 그런 이유로 수많은 영적 전통에서 적극적으로 꿈에게 요청하는 것을, 신비로움으로부터 전적인 도움을 받을 수 있는 방법으로 강조하고 있다.

하지만 내 어머니가 위중했을 때, 간절히 기도했음에도 어머니는 결국 돌아가셨다. 또 내가 사업체를 운영하며 꿈에게 도움을 요청했을 때에도 결국 사업은 번창하지 못했다. 만약 내가 요청하는 대로 이루어진다면 나는 제발 오늘 오후에 페라리 한 대를 보내달라고 부탁할 수 있다. 하지만 원하는 모든 일이 그대로 이루어지는 것은 아니다. 우리는 모든 요청이 받아들여지는 것은 아니라는 사실을 알고 있다. 그렇다면 《성경》이나 《코란》에서 하느님이나 알라가 우리의 요청을 들어준다는 말은 그저 기분 좋으라고 써놓은 구절이란 말인가?

꿈은 〈알라딘Aladdin〉에서 주인의 소원을 들어주는 램프의 요정 지니가 결코 아니다. 제8장 '오늘 밤 꿈에게 할 질문'에서 어떻게 질문해야 원하는 답을 효과적으로 얻을 수 있는지 자세하게 다룰 것이다. 비록 꿈이 소원을 이루어주는 지니는 아니지만, 꿈은 여러분의 인생에 도움을 주려고 한다. 인생에 도움이 되는 요청이 아니라면 꿈으로부터 지지와 도움을 얻을 수 없을 것이다. 그런 소망을 꿈 덕분에 이루더라도 그 결과는 당신과 당신의 인생에 도움이 되지 않을 것이다. 달라이라마Dálài Láma는 이렇게 말했다. "때로는 원하는 바를 얻지 못하는 것이 엄청난 행운임을 기억하라."

도움을 요청해도 이루어지지 않았다면 그것 자체로 꿈의 응답일 수 있다. 꿈은 여러분이 인생에서 나아갈 길을 찾고 가능하다면 인생 자체를 즐거운 여정으로 바꿀 수 있도록 도와주려고 한다.

신비로움 외에도 도와주려는 또 다른 존재가 있다. 전통적으로 많은 문화에서 꿈의 영역에 특정한 조력자가 있으며, 그 조력자는 우리를 돕는 역할을 맡고 있다고 믿어 왔다. 이런 생각은 세계적으로 가장 일반적인 믿음 가운데 하나일 것이다. 그리스문화에서는 이런 존재를 다이몬이라 부르고, 로마시대에는 게니우스라고 불렀다. 다이몬이나 게니우스는 인간과 신비로움 사이에 속하는 존재다. 이 '다이몬'이란 용어는 기독교의 '디몬^{demon}'(사탄)이라는 단어와 잘 구분해야 한다. 다이몬 또는 게니우스는 우리를 올바른 방향으로 인도하고 도와주지만 디몬은 부정적인 존재이기 때문이다. 다양한 방식으로 이 존재들과 연결될 수 있지만 그중 가장 일반적인 방법은 꿈의 통로를 이용하는 것이다.

다이몬: 길잡이, 재능 그리고 감독관

다이몬은 그리스어로 수호천사 또는 천재, 뮤즈^{muse}, 영혼에 내재한 정신을 뜻하며, 일부 아프리카 전통에서는 신성한 쌍둥이라고도 불린다.[4]

다이몬은 우리 각자의 소명을 깨닫게 하는 길잡이다. 우리 모두에게 재능이 있다는 것을 느끼게 하는 감각이라고도 할 수 있다. 가끔은 고지식한 감독관처럼 느껴지기도 하지만, 우리가 다이몬과 잘 연결되어 있다면 인생은 절대 지루하지 않으면서도 순조로울 것이다. 그렇지 않다면 매일 투쟁의 연속으로 느껴질 것이다.

로마에서는 다이몬을 '게니우스'라고 한다. 이는 북아프리카어의 '제니^{geni}'에서 유래했으며, '이미 존재하는 재능 있는 영혼'이라는 뜻이다. 이 재능 있는 영혼은 한 개인과 분리되었다가 이번 생에 다시 함께하는 존재다. 그러므로 "당신이 게니우스다"보다는 "당신에게는 게니우스가 있다"라고 말하는 것이 올바른 표현이다. 이 차이는 중요하며, 그 이유를 더 확실히 알게 될 것이다.

그리스어인 에우다이모니아^{Eudaimonia}는 '행복'이나 '번성'이라는 말로 번역되는데, 이는 당신이 다이몬과 함께하고 있다는 의미다. 오랫동안 그리스 전통에서는 다이몬과 함께 인생을 살아가며 그 과정에서 행복을 세상에 나누어주는 것이 인생의 목적이라고 생각했다.

다이몬과 돈독한 관계를 맺을 수 있는 방법에는 여러 가지가 있다. 다이몬을 만날 수 있는 가장 좋은 방법은 꿈속에 있다. 바로 꿈의 메시지에 따르고 다이몬과의 관계를 발전시키는 동시에 꿈 배양 기법을 사용하는 것이다. 다이몬은 우리를 도와주려 하지만 신비로움과는 달리 그 도움의 정령은 불쑥 나타나기도 한다.

다행히도 일부 훌륭한 사람뿐만 아니라 모든 사람에게 예외 없이 다이몬 또는 게니우스가 배정되어 있다. 오늘날에는 '지니어스 genius'라는 단어를, 지능지수 intelligence quotient, IQ가 높은 놀라울 정도로 지적인 사람을 표현할 때 쓴다. 그 사람들에게는 지적 능력이 높은 다이몬이 있다는 뜻이다. 하지만 그런 사람들뿐만 아니라 사회적 계급이나 성별, 인종, 종교, 나이와 상관없이 모든 사람에게는 게니우스가 있다.

그보다 훨씬 다행인 점은 우리에게 한 개 이상의 다이몬이 있다는 사실이다. 그중 일부는 평생을 함께하지만 다른 다이몬은 살아가면서 떠나기도 하고 돌아와 머물기도 한다.

사실 다이몬이나 게니우스라고 하면 특별한 재능과 관련되어 있다고 생각하기 쉽다. 하지만 그렇지 않다. 다이몬, 게니우스는 다양한 형태로 드러나는 재능이다. 작을 수도 클 수도 있다. 어떤 예술인들은 대중 앞에 서는 무대를 좋아하고 다른 이들은 소극장에 서는 것을 좋아할 수 있지만 이 두 가지는 똑같이 가치 있는 재능이다.

자신의 게니우스와 연결되어 있다는 것은 자신의 재능을 발휘하고 있다는 뜻이다. 이는 일이나 사회생활의 경력이 될 수도 있고 일상생활에서 사소한 일들로 드러나기도 한다. 예를 들어 친구와 우정을 쌓거나 집을 꾸미는 일, 요리하기나 다른 사람의 이야기 경청하기, 남을 웃기는 일 같은 것들이다. 아니면 축구하기나 그림 그리기, 뜨개질 같은 취미로 드러날 수도 있다. 어떤 이들에게는 특이한 행동으로 나타나는 경우도 있는데, 특별한 이유 없이 전 세계의 날씨를 꼭 찾아보는 습관 같은 것들이다.

자신의 게니우스와 연결되면 그 사람은 독특하면서도 믿을 수 있는 존재가 된다. 그들은 점차 틀에 박힌 규범에서 벗어나 영혼 없는 삶을 거부하기 시작한다. 게니우스와 함께하는 삶을 살다 보면 자신만의 특별한 스타일과 독특한 삶의 수준을 표현하게 된다. 예를 들어 운동선수나 예술가들이 보여주는 행위의 고유함이 그런 것이다. 그런 고유함은 운동이나 예술 작품 자체가 아니라, 그 작업을 진행하는 과정에서 그 사람만의 방식을 통해 드러난다.[5]

대체로 즐겁고 흥미롭고 가치 있게 들리는 이야기지만 모든 사람이 그런 것은 아니다. 그렇다면 사람들이 자신의 다이몬과 항상 함께하지 못하는 이유는 무엇일까?

융은 말한다. "(그러므로) 자신의 다이몬의 충동에 따라 감히 중간단계의 경계를 넘어서고자 하는 사람은 '아무도 발을 들여놓지 않은' 곳에 정말로 이르게 된다. 그곳에는 그를 인도할 확실한 길도 없고 그를 보호해줄 지붕이 있는 집도 없다. 또한 예측하지 못한 상황, 이를테면 대강 해치울 수 없는 의무들이 충돌하는 상황에 직면했을 경우 그 문제에 대처할 어떤 법칙도 없다."[*6]

다이몬을 따른다는 것은 큰 위험을 감수해야 한다는 뜻이기도 하다. 다니던 직장을 그만두거나 부모에게서 독립하거나 인간관계를 정리하는 등의 일 말이다. 어떤 일이 일어날지 알 수 없는 상황으로 모험을 떠나야 하더라도 전혀 예상할 수 없는 상황에 맞닥뜨리는 일은 언제나 불편하다. 다이몬은 또한 인정사정없는 감독관처럼 굴 수도 있다. 그래서 다이몬의 말을 항상 따르는 것은 쉬운 일이 아니다.

다이몬의 제안에 귀를 기울이고 그가 제시하는 창의성과 진정

---

[*] 카를 구스타프 융 지음, A. 야페 편집, 조성기 옮김, 《카를 융: 기억, 꿈, 사상》, 김영사, 2007(전자책) 재인용

성을 갖추려면 용기가 필요하다. 하지만 성취감과 행복감 그리고 진정한 자아 존중감을 느끼는 데 다이몬을 따르는 일만큼 지속적인 영향을 미치는 것은 없다. 그런 상태만이 진정 자신이 꿈꾸는 삶을 사는 것이기 때문이다. 이제부터 다이몬이 어떻게 우리 안에서 소명을 떠올리게 하는지 그리고 삶에서 우리를 어떻게 지지하는지 알아보자.

소명으로 이끄는 길잡이

고대 그리스인들은 사람이 태어나면서 그 사람의 운명을 결정하는 다이몬과 연결된다고 믿었다.[7] 다이몬은 그의 재능을 꽃피울 수 있는 가장 비옥한 땅을 찾아주기 때문에 계속해서 그 사람의 운명에 영향을 준다고 생각했다. 다이몬의 안내를 따라간다면 당신 역시 가장 비옥한 땅을 찾게 될 것이다. 그리고 그곳에서 땅속에 묻혀 있던 신성한 사신을 만나 타고난 재능을 꽃피울 것이다.

독특하고 명석한 심리학자 제임스 힐먼 James Hillman 은 이러한 다이몬의 특성을 다음과 같이 요약한다. "개인의 다이몬, 즉 당신의 소명을 기억하는 수호천사 역할을 한다. …… 다이몬은 동기를 부여하고 보호해준다. 뭔가를 창조하며 끈질기다고 생각할 정도로 충실하게 따라다닌다. 이성적 타협에 저항하지만, 보호받는 자에게 자주 일탈과 괴짜 같은 성격을 강요한다. 특히 다이몬을 무시하거나 반대할 때는 영락없이 그렇게 된다."[*8]

    다이몬은 우리를 인도하는 과정에서 끊임없이 우리에게 이야기한다. 이런 다이몬의 역할은 꿈의 영역에서 분명히 확인할 수 있다. 왜냐하면 자기 자신에게 도움이 되는 방향으로 움직이도록 설득하는 꿈을 자발적으로 꾸게 만드는 것이 바로 꿈에서 다이몬이 하는 역할이기 때문이다.

    다이몬은 인생을 함께하는 길잡이로서 개인의 소명을 절대 잊지 않는다. 당연하게도 다이몬은 그 소명을 이룰 수 있도록 돕는 일에만 관심을 갖고 있다. 그렇기 때문에 우리가 꿈에게 도움을 요청할 때 소명과 관련한 것이라면 대부분 응답을 받을 수 있다. 소명과 연관되지 않거나, 개인이 세상에서 소명을 실천하는 과정을 방해하는 질문이라면 꿈의 응답을 받더라도 만족스럽지 않을 것이다. 그런 이유로 꿈에게 부탁한다고 해서 눈앞에 페라리가 나타나지는 않겠지만, 만약 당신이 자신의 소명에 관해 물어본다면 기꺼이

---

[*] 제임스 힐먼 지음, 주민아 옮김, 《나는 무엇을 원하는가》, 나무의 철학, 2013, 76쪽 재인용

필요한 실마리를 제시해줄 것이다.

다이몬과 함께 살기

로마시대에는 다이몬이 게니우스로 통했다. 그래서 게니우스에는 재능이라는 의미도 있다. 게니우스는 재능이나 기질, 존재 방식과 관점을 뜻한다.

누군가를 게니우스라고 지칭할 수는 없다. 다만 그 사람에게 게니우스가 있는 것이다. 오늘날에는 인격을 한 가지 특징으로 규정하려고 한다. 그 하나의 인격으로 이루어진 '내'가 모든 감정이나 직관, 생각, 통찰을 적절하게 조절하고 있다고 믿는다. 하지만 다이몬처럼 생각할 수 있게 되면 그 전면에 내세워진 자아는 빙산의 일각일 뿐이라는 사실을 알게 될 것이다. 한 개인은 거대한 복합체로 이루어져 있다고 생각하면 더 이상 나와 나의 재능을 혼동하지 않을 수 있다. 나와 나의 재능을 구분하지 않는다면 오만한 사람이나 자존감을 잃어버린 사람이 될 수도 있다. 다이몬이 우리에게 주는 재능을 이기적인 목적으로 사용하면 안 된다. 그 재능을 잘 발휘해서 세상에 전달하는 것이 우리의 책임이다.

우리는 다이몬과의 관계를 발전시키는 법을 배우고 일상에서 그것을 구체화할 수 있다. 그 과정에서 순수한 자아존중감과 성취감을 느낄 수 있도록 재능이 발휘된다. 다이몬은 우리가 새로운 세상을 창조하는 과정에 참여하도록 이끈다. 이 과정에서 개인의 다이몬이 드러나고 세상은 다이몬이 전해준 선물을 경험하며 우리는 꿈꾸던 인생을 살게 된다.

다이몬은 이미 존재하기 때문에 새로 만들어낼 수 없다.

이는 세상에 대해 사고하는 심리학적 모델과 우리 자신이 발전할 수 있도록 또 다른 모델을 제시한다. 인생이라는 프로젝트를 아무것도 없는 맨바닥에서 시작하는 것이 아니라, 내면에 있는 자신만의 다이몬과 함께한다는 뜻이기도 하다. 우리 모두에게는 밖으로 드러내고 싶은 타고난 재능이 있다. 따라서 반드시 그 존재를 인식하고 그 천부적인 재능과 좋은 관계를 만들어야 한다. 자신의 다이몬을 구체화하는 방법을 알아야만 다이몬도 제 모습을 드러낼 수 있다. 축구선수를 예로 들어보자. 사실 축구선수는 선수로서의 재능을 키우고 있는 것이 아니라, 자신 안에 있는 축구의 다이몬이 가장 잘 머물 수 있는 방법을 배우기 위해 훈련한다. 다이몬이 내면에 잘 깃들어 있는 사람은 삶에서 순조로운 흐름을 느낄 것이다. 그리고 개인과 다이몬이 함께하는 상태가 바로 에우다이모니아인 행복이다.

다이몬은 개인의 삶에 지대한 관심을 갖고 있으며, 세상에 참여하고 싶은 자신의 도움과 열망을 받아들이라고 끊임없이 우리에게 말한다. 다이몬은 다양한 방식으로 개인과 맺은 관계를 발전시키는데, 그중 가장 주요한 활동 장소는 꿈의 세계다. 꿈배양을 통해 자신의 다이몬이 누구인지, 그 다이몬이 무엇을 원하는지 그리고 다이몬이 지속적으로 삶에 도움을 준다면 어떻게 감사를 전할지 알아볼 수 있다.

인생의 목표를 이룰 때까지

융은 "창의성의 다이몬이 무자비하게 나를 덮쳐왔다"라고 말했다. 다른 사람들이 친구, 가족과 어울려 즐겁게 지내는 동안 융은 자신의 다이몬에 사로잡혀 집과 볼링겐 타워에서 계속 연구해야 했다. 당신이 창조적으로 작업해야 할 프로젝트를 제때 끝내지 못한다면 다이몬은 절대로 게으름을 부리거나 쉬도록 놔두지 않을 것이다. 그래서 다시 일을 계속해야 한다는 지독한 불안감에 시달리게 만들고 결국 놓았던 일을 다시 시작할 때까지 멈추지 않고 재촉할 것이다. 그럴 때면 마치 이 세상이 나 몰래 음모를 꾸미고 있는 것 같은 느낌이 들 수도 있다.

힐먼은 말한다. "다이몬은 …… 이성적 타협에 저항하지만, 보호받는 자에게 자주 일탈과 괴짜 같은 성격을 강요한다. 특히 다이몬을 무시하거나 반대할 때는 영락없이 그렇게 된다."*⁹ 그런 경우 다이몬이 악몽에 나타날 수도 있다. 융은 글을 쓰고 연구에 몰두하다가 인간으로서 누릴 수 있는 기쁨의 순간들을 대부분 놓쳤다고 털어놓았다. 다이몬은 융에게 자신만의 길을 추구하라고 잔인할 정도로 강하게 요구했고, 창의적인 학문으로 세상에 헌신하기 위해 우정은 뒷전에 두어야 했다.

특이한 상황이나 고상하고 초월적인 상황에서만 다이몬의 존재를 경험하는 것은 아니다. 다이몬은 항상 존재한다. 우리는 다이몬이 존재한다는 것을 알아차리기만 하면 된다. 융은 다이몬이 우리의 '본능'이라고 했다. 또한 다이몬은 '내면으로부터 충동, 의지 또는 명령의 형태로 나타난다'고 했으며, 충동이나 의지 또는 명령은 "개인의 차이는 있을 수 있지만 …… 태곳적부터 개인의 다이몬이라는 이름으로"[10] 우리에게 주어졌다고 융은 설명한다.

이는 모든 사람에게 해당하는 이야기다. 우리는 자신의 본성이

---

* 제임스 힐먼 지음, 주민아 옮김, 앞의 책, 76쪽 재인용

하는 이야기에 귀 기울여야 하고 어떤 것에 매혹되는지, 어떤 환상을 갖고 있는지, 무엇에 놀라는지, 이 세상에서 무엇을 보는지, 시선이 어디로 향하는지, 무엇을 좋아하고 싫어하는지에 관심을 가져야 한다. 우리는 감정과 생각을 통해 다이몬과 소통한다.

스티브 잡스 Steve Jobs는 일상에서 경험한 다이몬의 중요성을 이렇게 설명한다. "우리의 시간은 한정되어 있다. 그러니 남의 인생을 살면서 자신의 인생을 낭비하지 말아야 한다. 도그마 dogma에 갇혀 다른 사람들이 만들어 놓은 결과에 맞춰 살지 말고, 시끄러운 다른 이들의 의견에 자신의 목소리가 묻히게 놔두지 말라. 그리고 무엇보다도 자신의 열정과 직관을 따르는 용기를 가져라. 당신의 열정과 믿음 속에 이미 당신이 진정으로 바라는 모습이 있다. 그 두 가지를 제외하면 모두 이차적인 것이다."[11]

아일랜드 시인인 윌리엄 버틀러 예이츠[William Butler Yeats]는 그의 저서 《신화론[Mythologies]》에서 다이몬이 감독관으로서 보여주는 모습에 대해 다음과 같이 언급했다. "그리스의 철학자 헤라클레이토스[Heracleitos]가 이렇게 말했다. '다이몬은 우리의 운명이다. 다이몬이 우리에게 던져 놓은 불가능에 가까운 임무를 해결하려고 평생 애쓰는 것이 인생이라면, 인간이 언제나 운명과 끝없는 불협화음을 이루면서도 자신의 운명에만 집착하는 이유를 충분히 이해할 수 있다.'"[12]

우리가 가장 먼저 해야 할 일은 자신의 다이몬이 무엇인지 알아내는 것이다. 그다음으로 다이몬과 함께 잘 살아가는 법을 배워야 한다. 다이몬은 도전 정신으로 가득 찬 코치와 같다. 내 능력을 최대한 발휘하게 만들면서 동시에 내가 할 수 있다고 생각하는 것보다 조금 더 힘내서 해보라고 다그치는 존재다.

이러한 다이몬은 꿈에서 다양한 모습으로 나타난다. 다이몬이 원한다면 어떤 모습으로도 나타날 수 있지만 일반적으로는 나이 든 현인, 마법사, 난쟁이, 엘프[elf], 요정[fairy], 친근하거나 완고해 보이지만 도움이 되는 인물, 코치, 구루[guru]*, 치료사[therapist], 동물(특히 말

---

* 자아를 터득한 신성한 교육자

하는 동물), 외계인 등의 모습으로 등장한다. 심지어 최근에는 스포츠 스타나 유명 영화배우로 등장하기도 하지만, 이런 사례들은 다이몬의 다양한 모습 가운데 극히 일부일 뿐이다.

꿈에 등장한다고 해서 모두 다이몬이라고 할 수는 없지만, 융이 '마나^{mana}'라고 부른 인격, 곧 권위나 권력을 과시하는 인물들은 다이몬의 범주에 해당한다.

우리를 도우려는 꿈

기독교와 이슬람교 같은 종교에서는 평생 동안 신비로움이 인간들을 도울 것이라고 강하게 주장해왔다. 전 세계적으로 매우 잘 알려진 신화에 따르면 인간은 태어날 때 개인을 담당하는 조력자를 갖게 된다. 바로 다이몬이나 게니우스 또는 영적 길잡이라고 불리는 조력자다. 그들은 개인이 자신의 소명을 깨닫고 재능을 펼칠 수 있도록 도와주고, 그 임무를 수행하는 동안 그 사람을 지켜준다. 다이몬의 도움을 받는 사람은 단 한순간도 절대로 혼자가 아니다.

조력자는 꿈을 통해 우리와 소통한다. 꿈은 자발적으로 우리에게 오는 것이고 그 속에 해답이 있다. 하지만 우리가 먼저 손을 뻗어 조력자와 관계를 맺고 도움을 요청해야만 만족할 만한 응답을 받을 수 있다. 나를 도우려 하는 그 능력자에게는 어떠한 꿈배양 질문도 할 수 있다. 예를 들어 지금 나에게 전하려는 메시지가 있는지, 이미 받은 도움에 대해 어떻게 감사를 표현해야 할지, 최근에는 나의 어떤 부분에 가장 큰 관심을 갖고 있는지 등이다.

제6장에서는 다이몬에게 물을 수 있는 꿈배양 질문들을 탐구해보고 다이몬과의 관계를 시작하고 발전시켰던 사례들을 알아볼 것이다. 그에 앞서 전 세계 다양한 문화에서 나타난 매력적이고 근원적인 꿈배양 기법에 대해 알아보자.

5

꿈배양가들과 관계 맺기

나는 설레고 흥분되고 심장이 두근거린다. 그리스의 에피다우루스에 있는 아스클레피오스의 꿈 치유 신전^{dream healing temple}으로 향하는 지금, 나는 헤아릴 수 없이 많은 사람들이 먼저 밟고 지나갔던 그 길을 따라 걷고 있다. 이곳에는 생동감과 환영의 분위기가 흘러 넘치고, 이 경치의 아름다움 덕분에 치유되는 느낌마저 든다. 특별한 만남이 나를 기다리고 있을 것이라는 기대감은 점점 더 커진다.

    꿈을 통해 치유받기를 기원하는 사람들이 천 년 동안 의지했던 그 전통의 중심부로 나는 한 걸음 한 걸음 걸어 들어간다. 그리고 그 고대의 전통과 연결되어 있음을 점점 더 생생하게 느낀다. 기록에 따르면 실명과 불임, 마비나 통증을 비롯한 육체적 문제에서부터 정신적 문제에 이르기까지 모든 질병을 치유하기 위해 수많은 사람들이 이곳을 찾았다고 한다. 아스클레피오스는 생활 방식의 변화와 올바른 식이요법, 운동법, 창조적 표현법을 활용해 질병을 치유할 수 있도록 처방했다. 사람들이 이곳에 봉헌했던 많은 물건들을 살펴보면 이 신전에서 이루어졌던 치료와 처방에 대해 대부분 이해할 수 있다.

내가 찾은 곳은 의술의 신 아스클레피오스를 모셨던 삼백이십 개의 신전 가운데 하나다. 꿈을 통해 치유받기 위해 헌정된 이 신전들은 그리스에서 민주주의와 비극, 희곡이 탄생하고 경이로운 건축구조와 예술, 철학이 번성하던 시대에 많은 사람들이 다녀간 곳이다. 서양 역사에서 가장 영향력 있고 창조적인 인물로 일컬어지는 플라톤[Platon]이나 소크라테스[Socrates] 같은 위인들도 치유의 전통과 교감하며 지금 내가 있는 이 공간의 곳곳을 누비고 다녔을 것이다. 소크라테스가 처형당하기 전날 플라톤의 몸이 좋지 않았다고 한다. 그러자 소크라테스는 아스클레피오스 신전에 가서 묵으라고 플라톤에게 말했다. 그리고 몸이 회복되어 아침에 일어나면 신전에 수탉 한 마리를 제물로 바치라고 조언했다는 기록이 있다.

내 신성한 순례의 목적은 에피다우루스를 방문하고 그곳에서 고대 그리스인과 로마인들이 어떤 방식으로 꿈배양을 행했는지 알아보는 것이었다. 고대 그리스와 로마인들은 며칠 동안 이동해야 하는 번거로움도 감수하며 치유와 인도를 받기 위해 순례를 시작했다. 그리고 마침내 백육십 개의 객실이 마련되어 있는 신전에 도착했다. 신에게 간청을 드리고자 하는 사람은 준비를 마치고 의식을 치른 다음, 신전에 특별히 마련된 꿈의 방, 성소[abaton]에서 치유의 신인 아스클레피오스와 조우하는 밤을 보낼 수 있었다. 다음 날 아침이 밝으면 신전의 치유사들과 간밤에 꾼 꿈의 내용을 공유하고 깊이 있는 대화를 나누었다. 신전으로 순례를 와서 신과 만나기 위해 준비한 뒤 치유의 밤을 보내고, 꿈에 대해 대화를 나누는 작업으로 마무리하는 네 단계의 과정은 매우 효과적이었다.

이번 장에서는 꿈배양에 연관된 다양한 문화와 전통에 대해서 알아보려고 한다. 꿈이 주는 치유와 인도의 힘을 적극적으로 요청했던 역사 속 인물들은 우리와 같은 것에 관심을 갖고 있었다. 그런 인물들로는 고대 그리스의 플라톤과 소크라테스, 《성경》에 등장하는 솔로몬Solomon 왕과 다니엘Daniel 그리고 지금까지 존재해왔던 수많은 무속인들이 있다. 또한 꿈을 통해 신성과 대화하는 이슬람교의 이스티카라, 힌두교의 우파니샤드Upanisad 같은 영적 전통을 지켜온 사람들도 포함된다.

꿈배양은 수많은 고대 문화에서 일반적으로 행하는 관습이었다. 고대 그리스인과 로마인들은 아스클레피오스에게 의지했고, 중국의 꿈해몽 문화는 십육 세기와 십칠 세기에 번성했다. 이제 우리보다 먼저 꿈에게 질문했던 이들이 가장 적절한 응답을 받기 위해 시도했던 방식에 대해 알아볼 것이다. 그리고 성공적인 공식이 있다면 그 방법을 직접 따라해볼 수도 있을 것이다.

성공적인 아스클레피오스의 꿈배양

내가 그리스와 튀르키예에서 연구했던 아스클레피오스 전통은 비교적 자세한 기록으로 남아 있는 꿈배양 방법이다. 여러 구역으로 나뉜 유적지를 걸으며 나는 그곳의 웅장함과 장엄함, 치유력을 몸소 느꼈다. 따뜻한 느낌의 신전들과 그 신전들을 둘러싼 아름답고 매혹적인 자연경관 사이의 미학적 상호작용에 내 마음이 계속 이끌렸다. 그저 그곳에 있는 것만으로도 에너지가 충전되는 느낌이었다. 에피다우루스나 코스섬, 페르가몬에 있는 신전 유적지는 그 규모만으로도 사람을 압도한다. 큰 신전과 신성한 연못, 분수와 소나무가 있는 유적지는 언덕으로 둘러싸여 광활하게 펼쳐져 있다. 수백 명의 방문객이 하룻밤 묵을 수 있는 수백 개의 방이 있고, 꿈배양을 위한 특별한 방과 지하터널 그리고 극장도 갖추고 있었다.

에피다우루스에 남아 있는 고대 극장은 한때 만 사천 명의 관객을 수용할 수 있었고, 정교한 음향 구조 덕분에 연극의 대사가 모든 관객에게 선날됐다. 그리스 희곡의 전성기에 인기 있었던 비극들은 지금까지도 잘 알려져 있을 정도다. 문화와 창의력이 절정에 이르렀던 그 시기에, 그리스인들은 신과 살아 있는 관계를 맺었으며 자신들을 이끌어주는 힘과 연결되기 위해 꿈에 관심을 가졌다.

꿈배양을 진지하게 받아들이며 감탄이 나올 정도로 아름다운 장소에 아름다운 신전들을 지어 놓고, 치유와 꿈배양을 위한 정교한 과정을 통해 훌륭한 치유의 결과를 얻어냈던 고대의 문화를 직접 눈으로 확인하는 내내 나는 전율을 느꼈다.

꿈배양 과정을 통해 치유받았던 사람들은 수천 가지에 이르는 봉헌물을 남겨 놓았다. 그 사실과 더불어 성공적인 꿈배양의 과정에 대해 좀더 자세히 알아보자.

꿈의 인도를 받기 위한 순례

꿈배양을 위한 모든 과정은 하나의 의식이다. 이 의식을 치르면서 꿈과 현실을 가로막고 있던 경계선이 조금씩 사라지고 꿈의 세계를 자신의 일상으로 초대할 수 있다. 그 결과 꿈의 세계와 현실은 계속해서 융합하고 마침내 하나가 된다. 이런 관점에서 꿈의 세계를 현실로 초대하려는 의도만 있다면 그 어떤 행위도 의식이라고 할 수 있다. 하지만 꿈의 세계가 관여하지 않는 행위는 의식이 아니다. 만약 어떤 의식이 진부해진다면 꿈의 세계는 의식의 초대에 응하지 않는다. 만약 생동적인 의식을 치른다면 꿈의 세계가 그 의식을 통해 응답할 것이다. 그러므로 꿈에게 던진 질문에 적당히 자주 응답받는 것도 중요하지만 올바른 의식을 치르는 것이 무엇보다 중요하다.

이해하기 쉽도록 아스클레피오스 꿈배양 과정을 네 단계로 정리했다. 치유의 신전으로 향하는 순례를 시작해서 신전에 도착한 다음 의식을 준비하고 의식을 치르는 단계, 신전에서 밤을 보내고 나서 다음 날 치유사와 꿈작업을 하는 단계로 이루어지는데, 첫 번째 단계인 순례는 말 그대로 신전으로 가는 길이다. 상실감 때문이거나 어떤 열망을 갖고 순례의 길을 떠났을 수 있다. 그러나 그 여정의 목적은 꿈이 갖고 있는 지혜와 치유의 힘을 만나는 것이었다. 순례는 뜻깊은 곳으로 떠나기 마련이다. 고대 그리스에서는 그 목적지가 신전이었다. 다른 문화권에서는 신성한 동굴이나 사막에 있는 외딴 장소, 산꼭대기 같은 특별한 장소를 찾아간다. 그리고 그곳에서 잠을 자고 꿈을 꾸면서 꿈의 세계와 그 세계에 사는 존재들과 관계를 맺었다. 순례는 바깥으로 떠나는 외적인 여정이기도 하지만 동시에 자신의 내면으로 떠나는 영혼의 여행이기도 하다. 신전으로 발걸음을 옮기며 우리의 마음은 꿈의 세계를 향해 점점 열리고 마침내 그 존재를 실감할 수 있게 된다.

질병의 치료법을 알고 싶거나 갖고 있던 의문에 대한 답을 듣고 싶은 사람, 자신이 노력을 쏟을 적당한 분야를 찾고 싶다는 사람들의 의도가 순례를 통해 실질적으로 드러난다. 신성한 신전으로 향하는 며칠 동안 순례자의 마음은 기대감과 더 나아지고 싶다는 의지, 그 치유의 여정에 집중한 마음과 도움을 받을 수 있다는 믿음으로 가득 차오른다. 이 다양한 마음과 의지들이 한데 모여 의식을 순조롭게 진행할 수 있다.

웨거너는 꿈-현실-창조 법칙에 다섯 가지 요소가 있다고 말했다. 바로 의도와 의지, 집중, 믿음, 기대다. 웨거너의 실험에 따르면 이 다섯 가지 요소들이 미지의 요소 X mystery factor X와 함께 꿈을 현실로 만들어가는 요소로 작용한다. 꿈의 세계는 이 현실-창조 요소에 다른 방식으로 응답한다. 하지만 이 요소들은 우리가 깨어 있는 동안 살아가는 현실 세계를 창조하는 데 이바지하며 위약 효과 같은 역할을 한다. 이 요소들은 또한 순례를 거치면서 더 강력해지고 꿈의 반응도 격렬해진다. 순례를 통해 꿈의 세계는 꿈꾼 이에게 스며들고 치유와 지혜, 인도를 받을 수 있는 적절한 주파수에 머물도록 도와준다.

순례에서 내면의 의식에 집중하고 그 의식의 소리를 귀 기울여 듣는다면 순례의 가치를 깨닫고 원하는 것을 얻게 될 가능성도 높아진다. 현대에 살고 있는 우리가 할 수 있는 순례라면, 꿈을 꾸기 위해 특별한 장소에 가거나 꿈배양을 위해 날짜를 골라 그날까지를 순례 기간으로 정할 수 있다. 그 순례 중에 문득 떠오르는 생각이나 꿈들에 의미를 부여하고, 여행하는 동안 일어나는 신기한 사건과 동시성에도 관심을 가져야 한다. 그리고 그 여정에서 치유나 창조적인 응답을 찾기 위해 계속 반복해서 생각하고 주의를 집중해야 한다. 의식은 꿈의 세계와 관계를 맺고 꿈을 자기 자신에게 초대하는 개인적인 행위이기 때문이다. 따라서 순례의 분위기를 만들어낼 수 있다면 어떤 새로운 생각도 하나의 의식이 될 수 있다.

치유의 밤

순례가 끝나면 순례자들은 드디어 신전에 도착했다는 기쁨을 만끽할 수 있다. 신전들은 엄선한 장소에 세운다. 그래서 언덕과 푸른 나무들로 둘러싸인 계곡의 분지, 반짝이는 지중해 바다가 내려다보이는 언덕 꼭대기에 주로 지어졌다. 새하얀 대리석으로 지은 신전을 보며 경외감을 느끼는 가운데 치유 과정을 이끌어갈 신전의 치료사들이 순례객에게 다가선다. 여정을 함께했던 다른 순례자들도 이내 그 환영의 무리에 합류한다. 신전에서 순례객을 따뜻하게 맞이하는 그 순간, 두려움과 질병의 고통, 고독함으로 인해 냉랭했던 순례자들의 마음과 영혼에 온기를 불어넣었을 것이다.

신전에서 신에게 도움을 요청하는 사람들은 치유의 밤을 준비하고 의식을 시작한다. 준비와 의식은 보통 며칠 동안 계속된다. 꿈의 방, 성소에서 여러 밤 자면서 아스클레피오스를 만나기 위한 치유의 밤을 치를 준비가 되었다고 암시하는 꿈이나 일상의 징후를 기다렸다.

지금부터는 이 글을 읽고 있는 당신도 자신이 신전에서 신에게 도움을 요청하고 있다고 생각하면 그 과정을 보다 더 쉽게 이해할 수 있을 것이다. 치유의 밤이 되기 며칠 전부터 신에게 간청하기 위해 신전을 찾은 당신은 치유사와 시간을 보낸다. 치유사는 아스클레피오스가 당신을 도우려고 한다는 사실을 계속 상기시킨다. 그 신전에서 치유받은 이들이 바친 많은 공물을 둘러보며 당신의 믿음도 더욱 강해진다. 치유사는 당신의 전반적인 건강 상태를 확인하면서 생활방식과 의식에 대해 조언한다.

하루 종일 신과 만나기 위해 기본 의식을 치르고 몸과 마음을 깨끗하게 씻고 준비한다. 성스러운 물에 몸을 담그고 앉아 머리를 뒤로 젖힌 채 숨을 깊게 들이마시면 주변의 아름다운 자연 광경 덕분에 눈이 즐거워진다. 피부에 닿는 따뜻한 햇살과 몸을 감싸며 흐르는 부드러운 물의 촉감에서 자연이 당신을 지지하고 응원하고 있음을 느낀다. 당신뿐만 아니라 전국에서 같은 목적으로 모여든 다른 이들도 함께할 것이다. 성스러운 물속에 그들과 함께 있으면, 당신처럼 고통에 시달리다가 결국 신에게 치유받기 위해 같은 여정을 거쳐온 사람들의 온기를 느끼게 될 것이다.

사람들이 음악을 연주하면 당신도 함께 즐긴다. 깨어 있는 동안 당신은 여러 번 기도하게 될 것이고, 아스클레피오스에게 제물과 공물을 바칠 수도 있다. 옷은 밝은색으로 입는 것이 좋다. 어떤 사람은 특별식을 먹게 될 것이고 어떤 사람은 단식을 할 수도 있다. 이미 치유의 밤을 경험한 다른 사람들이 함께 있어줄 것이고, 그들이 긍정적인 경험을 했다면 당신도 더 많은 것을 소망하게 될 것이다. 이 모든 것을 경험하고 의식을 치르는 이유는 성공적인 꿈배양의 밤을 맞이하기 위해서다. 꿈에서 의술과 치유의 신인 아스클레피오스를 만나기 위해 가장 좋은 상태가 되어야 하기 때문이다.

이제 드디어 꿈의 밤을 맞는다. 해가 지면서 당신은 긴장할 수 있다. 며칠 동안 준비했던 그 밤이 드디어 왔지만, 여전히 당신의 머릿속에는 여러 가지 의문이 가득할 것이다. "아스클레피오스가 정말 모습을 드러낼까? 내가 정말 치유될까?" 다행히 이러한 의구

심과 불확실성도 꿈배양 과정의 일부다.

　이제 당신은 특별한 꿈배양을 위해 성소에 들어가 긴 의자에 자리를 잡는다. 신전 어디에선가 음악이 흘러나오고 양초가 타들어가며 독이 없는 뱀들이 이따금 주위에 맴돈다. 밤이 무르익으면서 당신은 푹 잠들 수도 있고 선잠이 든 상태로 자다 깨기를 반복할 수도 있다. 후자의 경우 더 많은 꿈을 기억할 수 있다. 당신은 잠든 상태에서 아스클레피오스를 만나는데, 아스클레피오스는 여러 가지 모습으로 나타날 수 있다. 신전에 묘사되어 있는 모습이나 조각상의 형태 그대로 나타나기도 하고, 동물이나 또 다른 형상으로 나타나기도 한다. 다양한 모습의 아스클레피오스와 사람들이 나눈 온전한 대화들은 기록으로 남아 있다. 어떠한 경우라도 이 밤의 경험을 통해 당신은 치유를 위한 진단과 처방을 받게 될 것이고, 해결하고 싶었던 문제에 대한 신의 의견을 듣게 될 것이다.

날이 밝으면 당신은 치료사와 함께 꿈작업을 해야 한다. 그러고 나서 당신이 꾼 꿈에 대한 사후 의식을 치를 것이다. 그리고 꿈에게 감사의 마음을 표현할 수 있는 기회를 얻는다. 이 후반 작업은 꽤 중요하지만 일반적으로 잘 이행하지 않는 꿈치료와 꿈작업의 영역이기도 하다.

이처럼 정교하게 짜여 있는 아스클레피오스 꿈배양 전통에서 우리는 많은 것을 배울 수 있다. 또한 그 전통을 기반으로 꿈의 세계에서 얻게 되는 치유, 인도의 능력과 우리를 연결하는 새로운 모델을 만들어낼 수 있다.

꿈으로 연결된 역사와 문화

에피다우로스에 있는 아스클레피오스 신전을 찾았던 경험은 내 인생의 전환점이었다. 꿈의 세계와 꿈의 치유력을 깊이 존중했던 고대의 문화와 연결되어 있음을 느끼는 순간 내 마음은 환희와 열정으로 가득 찼다. 고대 문화에서 이미 내가 연구했던 방식보다도 더 정교한 방식으로 꿈과 관계를 맺고 있었다는 사실을 확인했기 때문이다.

그리고 지금 이 순간 여러분과 나 또한 공통의 관심사로 연결되어 있다. 우리는 모두 꿈이 갖고 있는 인도와 치유의 힘을 찾아 여기까지 왔다. 더 나아가 시간을 거슬러 올라가 아스클레피오스 신전을 찾았던 고대 그리스, 로마의 사람들과도 연결되어 있다. 또한 그보다도 더 이전 인류의 역사에서 꿈이 갖고 있는 치유와 인도의 힘에 의지했던 모든 이와 그들의 전통까지 모두 연결되어 있는 셈이다. 다시 현재로 돌아오면 꿈배양을 실천하고 있는 많은 사람과도 지금 알게 모르게 연결되어 있다. 그들과 연결되어 있음을 깨닫는 것만으로도 깊고 오묘한 감정을 느끼게 된다.

그러면 이제 꿈배양을 실천했던 사람들에 대해 알아보자. 기원전 2500년경에 쓰인 〈길가메시 서사시Gilgamesh Epoth〉에 꿈배양이 최초로 기록되어 있다. 길가메시는 숲으로 가는 여정에서 꿈을 보내달라고 산에게 간청했다. 삼 일째 되던 날 그들은 현재 레바논 근처에 도착했다. 그곳에서 샤마쉬Shamash(지는 해)*를 향해 우물을 팠다. 길가메시는 산꼭대기에 올라가 밀가루로 신주를 빚어 신에게

---

* 수메르신화에 나오는 태양의 신. 정의의 신이기도 하다. 달의 남신인 난나Nanna와 달의 여신인 닌갈Ningal 사이에서 태어났고 전차를 타고 다닌다.

바치며 말했다. "산이여, 나에게 샤마쉬가 보내주는 승낙의 메시지를 담은 꿈을 보내주세요."

이 최초의 꿈배양 기록에서, 아스클레피오스 신전에서 꿈배양이 진행되는 과정과 비슷한 특징을 발견할 수 있다. 길가메시는 특별한 장소에서 의식을 행한 다음 꿈에게 요청하고 잠들었다.

이집트인들 역시 우리처럼 꿈이 도와준다고 굳게 믿었다. 기원전 2000년경에 제작된 것으로 추정되는 파피루스에 적힌 내용에 따르면, 고대 이집트인들은 꿈을 통해 신이 그의 말씀을 전한다고 믿었다. 그중 한 파피루스에는 이런 기록이 남아 있다. "신의 말씀을 듣고 싶어 하는 사람은 신의 이름과 함께 자신의 요청을 리넨에 적은 다음 돌돌 말아 등불의 심지로 썼다. 등불이 타면서 그 기도가 퍼져나가고 꿈을 요청하는 사람은 꿈에 대한 희망과 기대를 품고 누워 잠들었다."[1]

꿈에게 올리는 특별한 기도와 꿈의 응답

몇 년 전 나는 꿈에 대한 강연과 워크숍을 진행하면서 남아프리카공화국에 머물고 있었다. 나는 그곳 태생이기 때문에 남아프리카공화국에서 지내면서 꿈꾸는 기간을 즐긴다.

　　요하네스버그에서 만난 한 친구가 인도에 살고 있는 자신의 삼촌 이야기를 했다. 몇 년 전 중매결혼을 하기 위해 혼담이 오가고 있을 때 그녀의 삼촌은 그 결혼을 하면 자신에게 이익이 되는지 꿈에게 물어보았다고 한다. 그는 독실한 이슬람교도였는데 이슬람 문화에서는 이스티카라를 통해 꿈배양에 참여할 수 있다. 그는 두 번의 특별한 저녁기도를 마친 후 알라에게 인생의 가장 중대한 문제를 올바르게 결정할 수 있도록 인도해달라고 요청했다. 그 결혼을 하는 것이 좋을지 알려달라고 말이다. 그날 밤 그는 꿈에서 결혼식에서 전통적으로 하객들에게 대접하는 달콤한 디저트를 보았다. 그는 그것을 결혼해도 좋다는 메시지로 받아들였고 그 여성과 결혼했다. 그리고 이십오 년이 지난 지금 그녀의 삼촌은 지나온 결혼 생활이 디저트처럼 참으로 달콤했다고 말한다고 한다.

　　'이스티카라'라는 단어의 어원 '카이르 khayr'는 선행 beneficence을 뜻한다. 이스티카라는 알라에게 인생에서 올바른 결정을 할 수 있도록 인도해달라고 요청하는 기도다. 이 방식에서는 깨어 있는 동안 요청하고 나서 응답을 기다릴 수도 있고 꿈속에서 질문할 수도 있다. 주로 결혼이나 사업, 정치적 사안에 대해 신의 인도를 받기 위해 이스티카라를 행하는 것이 일반적이다.

아스클레피오스의 꿈배양 과정과 마찬가지로, 이 전통에서도 동굴이나 사원, 영적인 인물의 무덤처럼 영성적인 장소에서 꿈을 꾸라고 권한다. 이스티카라 의식에 따르면 이슬람교도로서 평소에 행하는 하루 다섯 번의 기도에 더해 두 번의 특별한 기도를 올려야 한다. 기도하는 중에는 자신의 문제에 대해 명상해야 하며, 그 명상 과정에 자신만의 의식을 자유롭게 더할 수도 있다.

이슬람 문화에서도 꿈이 보내주는 응답을 해석하는 방법들이 발전해왔다. 만약 꿈에 흰색이나 초록색이 보인다면 어떤 형태든 상관없이 좋은 의미로 해석한다. 만약 평화나 선행, 아름다움, 긍정적으로 보이는 영적 인물이 나타난다면 그 또한 당연히 긍정적인 계시로 여긴다.

이언 에드거 Iain Edgar의 《이슬람에서의 꿈 The Dream in Islam》에 한 남성의 사례가 언급된다. 한 이슬람 국가 전직 지도자의 아들인 사업가가 투자문제로 고민하고 있었다. 그는 이스티카라 의식을 치르고 나서 꾼 꿈에서 커다란 흰 케이크가 여러 조각으로 잘라지는 장면을 보았다. 흰색은 유리한 소선을 의미하기 때문에 그 꿈에서 긍정성을 느꼈고, 그 사업에 투자해서 예상보다 훨씬 많은 이익을 얻었다고 한다.[2]

만약 꿈에 빨간색, 검은색, 노란색이 나오거나 파괴적인 이미지가 나온다면 꿈의 응답은 부정적인 것으로 해석한다.

꿈의 이미지가 긍정적인지 아닌지로 꿈의 응답을 분석하는 방식은 제12장 '꿈작업과 배양된 꿈'에서 다룰 내 방식과도 일치한다. 꿈배양은 거의 모든 영적 전통과 종교, 토착 전통에서 나타난다. 심지어 티베트불교의 수장 달라이라마도 특별한 기도문과 수면 자세 그리고 길상초 ^{kusha grass}(이불과 베개 밑에 놓여 정화 기능을 하는 식물) 등을 다루는 꿈배양 수련 방법을 수행 입문자에게 가르쳐야 한다고 했다.[3]

나는 아프리카의 토착 전통에 강한 친밀감을 갖고 있다. 내가 남아프리카공화국에서 태어났기 때문이겠지만, 당연히 그곳의 영적 문화와도 선천적으로 연결되어 있다는 느낌이 든다. 몇 년 전 나는 꿈을 통해 남아프리카의 상고마^{Sangoma}, 점술사들과 연결되었다. 그즈음 어느 날 꿈을 꾸었다. 그날은 내가 모교인 퍼시피카대학원에서 열리는 학회에 가는 날이었다. 꿈에서 내가 타고 있던 비행기가 남아프리카공화국의 요하네스버그에 착륙했다. 비행기가 활주로에 내려앉자 고향에 돌아왔다는 기쁨에 깊이 감동하고 감격했다. 나는 고향 집을 방문하는 기쁜 마음으로 학회장으로 향했다. 그곳에서는 남아프리카의 의사와 상고마들이 남아프리카의 샤머니즘 패러다임과 꿈에 관한 대화를 나누고 있었다. 우리는 서로 이야기를 나누고 알아가면서 결국 친구가 되었다. 사실 그 꿈에서 처음으로 상고마를 만났다. 그 꿈을 꾼 이후 서아프리카의 장로이자 샤먼 점술사인 말리도마 소메 Malidoma Somé를 포함해 남아프리카 출신 샤먼들과 다양한 장소에서 정기적으로 만나고 있다.

나 또한 샤먼 점술사로서 수련하고 있으며, 꿈의 세계와 그곳에 속한 이들과 소통하는 전통적인 방식을 깊이 있게 연구하고 있다. 내가 만난 모든 아프리카 샤먼은 꿈과 그 영역에 속한 이들로부터 도움과 인도, 치유를 받기 위해 먼저 꿈에게 요청하는 것을 매우 자연스럽게 생각한다.

내가 접했던 아프리카 토착 문화의 전반적인 세계관은 다른 토착 샤머니즘 문화들과 같은 기반 위에 있었다. 그 기반의 중심이 되는 믿음은 바로 현실 세계와 공존하는 또 다른 세계가 존재한다는 것이다. 그리고 그곳에는 조상과 영혼, 다양한 손재들이 있고 우리는 그들과 관계를 맺을 수 있다. 바로 꿈의 세계는 그 또 다른 세계의 일부다.

스칸디나비아반도의 한여름 밤

여름 내내 해가 지지 않아 밝고 긴 낮이 계속되는 스칸디나비아반도로 가면 낭만적인 꿈배양 전설과 만날 수 있다. 한여름 밤이지만 축제 분위기가 넘치고 태양은 믿기 어려울 정도로 높이 떠올라 있다. 이때 미래의 연인을 기다리는 이들은 일곱 가지 꽃을 따서 잠들기 전 베개 밑에 둔다. 그렇게 하면 꿈에서 미래의 남편이나 아내의 모습을 볼 수 있다.

꿈배양을 실행하기 위해 중요한 역할을 했던 인물들을 만나러 가는 여정에서 가장 먼저 만나야 할 인물이 떠오른다. 바로 나에게 꿈과 함께하는 삶의 실마리를 처음으로 제공해준, 지난 세기 가장 위대한 꿈작업가 가운데 한 명인 융이다.

융은 아스클레피오스의 치유법에 큰 관심을 가졌고 그의 저술에서도 자주 언급했다. 《융 기본 저작집》에는 아스클레피오스가 수백 번이나 인용되어 있다. 융은 동료이자 친구인 카를 알프레트 마이어Carl Alfred Meier의 《고대의 꿈배양과 현대의 심리치료Ancient Incubation and Modern Psychotherapy》를 인용했다. 그 책은 1949년 독일에서 처음 출간되었고, 아스클레피오스의 고대 치유 전통과 융심리학 치료법의 유사성을 다루고 있다.

고민이 있는 사람들이 융에게 찾아오면 융은 그 사람에게 일단 자면서 생각해보고 꿈을 꾸면 그 꿈의 내용을 적어 오라고 했다. 물론 고대 그리스시대에 했던 것처럼 의식화된 방법은 아니었지만, 융의 방식은 그 의식과 결이 같았다. 융은 꿈을 치유의 전통 한가운데로 다시 집어넣었을 뿐만 아니라 문제를 진단하고 처방을 내리기 위해 꿈을 활용했다.

고대 기법으로 만나는 현대의 해결사

이 꿈배양 기술을 혼자서 익히려고 애쓰는 사람들이 있을 정도로 꿈배양은 인간의 선천적인 행동으로 보이기도 한다. 작가인 메러디스 시비니Meredith Sabini도 비슷한 관점에서 이렇게 말했다. "꿈배양은 자연적이고 정신적인 본능입니다. …… 기도를 하거나 불길한 징조를 미리 느끼는 것처럼요."[4]

자기 전에 꿈에게 질문했는데 다음 날 놀라운 결과를 얻었다는 사람들의 이야기를 들은 적이 있다. 그런 방법을 어떻게 알게 됐냐고 그들에게 물었더니, 그들은 그저 어깨를 으쓱하며 그냥 한번 해봤는데 효과가 있었던 거라고 대답했다.

2010년, 《사이언티픽 아메리칸 Scientific American》이라는 과학 잡지에 하버드대학교 의과대학에서 학생들을 가르치고 있는 심리학자이자 작가인 디어드리 배럿 Deirdre Barrett의 연구 결과가 실렸다. 배럿은 학생들을 대상으로 꿈배양에 대해 실험했다. 먼저 일흔여섯 명의 학생에게 개인적 관심사를 정하게 했다. 이 실험 결과에 따르면 절반에 가까운 실험 대상자가 자신이 정한 관심사와 관련된 꿈을 기억하고 있다고 응답했고, 이들 가운데 70퍼센트는 그 문제에 대한 해답이 꿈에 있다고 믿었다.[5]

이 연구에서 나타난 또 하나의 흥미로운 결과는 "학생들이 일반적이거나 학문적인 내용의 문제보다는 개인적으로 중요하게 생각하는 관심사나 건강 문제를 해결하고 싶어 하는 것으로 나타났다"는 것이다.[6]

이런 결과는 앞에서 우리가 다루었던 내용과 직접적으로 관련되어 있을 것이다. 어떻게 질문해야 더 나은 응답을 받을 수 있는지, 응답을 전혀 받을 수 없는 질문은 어떤 것인지가 그 내용이었다. 배럿의 연구뿐만 아니라 내 경험에 비추어보아도, 꿈질문이 정서적으로 개인과 연관되어 있지 않거나 그 사람이 나아가야 할 인생의 방향과 관련이 없다면 꿈은 희망적인 대답을 해주지 않는다.

전 세계에 살고 있는 수백만 명의 사람들과 여전히 관계를 맺고 있는 이 치유와 인도의 능력은 고대부터 지금까지 우리 곁을 지켰다. 심지어 비서구권 문화에서는 이 기법을 여전히 주기적으로 행하고 있다. 아무것도 변하지 않았다. 치유의 신은 항상 존재했고 여전히 존재하고 있으며 앞으로도 그럴 것이다. 우리는 자신만의 꿈배양 의식을 만들고 그 의식을 통해 창조와 치유의 힘을 달라고 신에게 요청할 수 있다.

지금까지 다양한 문화에서 꿈과 관계를 만들고 그 관계를 돈독히 하기 위해 우리가 실행할 수 있는 구조와 의식들에 대해서 알아보았다. 그 결과로 꿈으로부터 자기 자신의 문제에 대한 계시를 받을 수도 있다. 다음 장에서는 다양한 개인의 문제와 그에 대한 질문들, 응답을 받기 위해 어떤 식으로 꿈배양을 진행했는지 살펴보려고 한다. 그 방식을 이용해 누구나 자신만의 방식으로 꿈배양을 시작하기 바란다.

6

인생의 조력자, 꿈 만나기

지극히 개인적이거나 갈피를 잡을 수 없는 문제에 대한 해답이야말로 꿈이 우리에게 줄 수 있는 최고의 선물일 것이다. 하지만 여기서 문제는 그 선물을 받기 위해 제대로 된 질문을 하기가 쉽지 않다는 점이다. 특히나 처음 몇 번은 더 어려울 수 있다. 그래서 꿈과 관계를 맺으려는 여러분을 위해 실생활에서 응용할 수 있는 몇 가지 예시를 보여주려고 한다. 이 책의 '부록 2: 꿈에게 할 수 있는 질문'에 더 많은 예시 질문을 실어두었다. 여기 제시한 질문들을 바탕으로 자신만의 창조적인 질문을 만들 수 있기를, 부디 아름답고 엉뚱하면서 관심을 가질 수밖에 없는 질문으로 꿈과 소통하기를 진심으로 바란다!

곧 알게 되겠지만 꿈배양 기법으로 인간관계나 건강 문제와 관련해서 큰 도움을 받을 수 있다. 그뿐만 아니라 기술을 발전시키고 책을 쓰고 사업을 하거나 삶의 방향을 정하는 데에도 꿈배양 기법을 활용할 수 있다. 하지만 삶에서 문제를 해결하는 것뿐만 아니라 삶의 즐거움을 찾기 위해서도 이 방법을 사용할 수 있다. 자유로움을 느끼거나 기분이 좋아지는 꿈을 요청할 수도 있다. 살아가는 즐거움 그 자체를 추구하는 일은 나쁜 것이 아니다. 내 경우에는 간혹 하고 싶은 일 또는 뭔가를 해야 한다는 생각에 얽매여 정작 그 일을 잘 마무리한 뒤에도 그 결과를 축하하거나 여유롭게 쉬지 못한다. 또 아무 목적 없이 그 순간을 즐기는 법을 잊어버리기도 했다. 우리는 삶의 중대한 질문들에 깊이 빠져드는 동시에 삶의 본질에 대해 탐구할 수도 있다. "이미 세상을 떠난 사람과 만날 수 있을까요?" "이 주 뒤 신문 기사의 헤드라인을 예측할 수 있을까요?" "십칠 세기 암스테르담에서의 생활을 설명할 수 있나요?" 누군가 당신에게 이런 질문을 한다면 어떨지 생각해보자. 직접 경험하지 않고서는 이런 황당한 질문들에 대답하기 힘든 것이 사실이다. 하지만 만약 당신이 꿈에게 제대로 질문할 준비가 되어 있다면 꿈에서 해답을 얻을 수 있다.

삶에 대한 믿음

불안감에 완전히 사로잡혀 맞닥뜨린 문제를 어떻게 해결해야 할지 알 수 없는 때가 있었다. 그래서 좀 더 믿음을 갖고 살 수 있는 방법이 있는지 알고 싶었다. 그래서 꿈에게 이렇게 물었다. "어떻게 하면 더 믿음을 갖고 살 수 있을까요?"

그러고 나서 이런 꿈을 꾸었다. 나는 테이블에 앉아서 어떤 작업을 하고 있다. 그때 누군가 내게 다가와 내가 맡은 일을 잘하고 있다고 이야기한다. 나는 고개를 끄덕이면서 덧붙인다. "맞아요. 내가 이 일을 처음 시작할 때, 고되게 작업해서 일을 완수하는 것이 가치 있고 축하할 일이라고 생각했기 때문에 지금까지 줄곧 그렇게 일하고 있어요"라고.

이 꿈을 통해 나에게 능력과 단단한 에너지가 있다는 느낌을 받았고 긍정적 자질이 있다는 것도 깨달았다. 많은 일들을 가능하게 만드는 나만의 능력을 좀 더 믿어도 좋다고 꿈이 말해주는 것 같았다. 그 후에도 나는 자주 이 꿈을 떠올리며 명상한다. 결과적으로 근심하거나 걱정하는 빈도가 줄어들었고 삶에 대한 믿음은 강해졌다.

사람, 사랑과 맺는 관계

사람과의 관계에 대해 살펴보고 있다면, 꿈에게는 좀 더 내면적인 부분에 초점을 맞추어 질문해야 도움을 받을 수 있다. 예를 들면 다음과 같은 질문들이다. "누군가의 연인이 되려면 먼저 어떻게 해야 할까요?" "내 인생의 동반자를 찾으려면 어떻게 해야 하나요?" "인연을 찾는 데 방해가 되는 장애물은 무엇인가요?"

사랑은 위대하고 흥미롭지만 동시에 두렵고 파괴적인 주제다. 그래서 사랑에 대해서는 할 말도 많고 하고 싶은 질문도 많다. 사랑을 할 때 모든 사람들은 그 엄청나게 다양한 농도와 색감, 형태를 각자 다르게 경험한다. 앞에 제시한 질문들은 사랑이라는 작은 불씨를 살리기 위해 불어넣는 미미한 입바람 같은 것이다. 아무쪼록 여러분의 꿈이 전하는 응답을 통해 당신의 인생을 더 깊이 사랑하고 멋진 인생의 동반자를 찾기를 바란다. 혹시 지금 관계를 맺고 있다면 한층 더 멋진 관계로 발전하기를 바란다.

나는 몇 닌 전 테베레강의 작은 섬에 있는 아스글레피오스 꿈 신전에 가기 위해 로마로 가는 여행을 예약했다. 하지만 여행을 떠나기 직전 새아버지가 세상을 떠나고 말았다. 그래서 여행을 미루고 본가로 놀아가야 했다. 내가 가려던 신전에 대한 잭들에 따르면 그 신전에는 다른 사람 대신 꿈을 꾸는 의식이 있었다고 한다. 또 그런 일을 했던 많은 사람에 대한 기록도 남아 있다.

언젠가 여행 중에 베로니카라는 사람을 만났다. 그녀는 자신이 가끔 다른 사람의 꿈을 대신 꾼다며, 한 친구에게 생긴 연인에 대한 꿈 이야기를 해주었다.

그녀의 친구인 로베르토는 베로니카에게 남다른 꿈꾸기 능력이 있다는 사실을 알고 있었다. 그래서 그녀와 만나면 장난으로 자신이 미래에 어떤 사람과 결혼할 것 같은지 물었다. 어느 날 저녁, 로베르토는 같은 질문을 또 했고 베로니카는 기꺼이 꿈에게 물어보겠다고 했다. 그리고 정말 그녀는 그 사람에 대한 꿈을 꾸었다. "그 남자, 곱슬머리야. 이탈리아인이라고 생각했는데 꿈에서 프랑스어로 말하네. 뭔가 창의적인 일을 하는 직업을 갖고 있어. 키는 좀 작은데 머리숱이 아주 풍성해." 다음 날 로베르토에게 이런 꿈 이야기를 해주자 그는 자기가 좋아하는 스타일이 아니라며 머리를 가로저었다. 그리고 베로니카는 "그래. 하지만 언젠가 그 남자를 만나게 될 거야"라고 말했다.

몇 달이 지나 베로니카는 한 친구와 저녁을 먹고 있었다. 그 친구는 로베르토에게 누군가를 소개해주고 싶다고 했다. 이전의 꿈을 기억하고 있던 베로니카는 그 사람에게 잠시 그곳에 들러달라고 부탁했다. 그 남자가 식당에 도착했을 때 베로니카는 너무나 놀랐다. 바로 그가 꿈에서 본 그 남자였기 때문이었다! 키가 작고 머리숱이 풍성하며 곱슬머리인 그 남자는 자신이 이탈리아 출신이지만 스위스에서 미용사로 일하고 있다고 했다. 베로니카는 곧바로 로베르토에게 그 사실을 전하며 미래의 연인을 만나러 오라고 말했다.

그 후 그들은 '영원히 행복하게' 살지는 못했지만 일 년 반 동안 만나다가 관계를 정리했다. 그럼에도 베로니카의 꿈은 로베르토의 연인이 될 사람의 모습을 매우 정확하게 보여주었다.

세상과 맺는 관계

우리가 세상과 좋은 관계를 맺고 싶다면 꿈이 우리를 도울 수 있을까? 정원 마당에 서 있는 나무나 집 근처에 흐르는 강과 관계를 맺을 때도 도와줄 수 있을까? 매일 창문 앞에 날아와 지저귀는 새가 무슨 이야기를 하고 싶은지, 반려동물이 당신과 어떤 이야기를 나누고 싶은지 궁금할 것이다. 나는 이에 관해 몇 년 동안 연구해왔고 한 가지 사례가 있다.

나는 유타주에 있는 아름다운 앤털로프섬의 주립공원에 다녀온 적이 있다. 그곳에 있는 암석들은 이십칠 억 년 정도 된 미국에서 가장 오래된 것들이다. 이십칠 억 년이라는 긴 시간 동안 그 산

은 어떤 일들을 지켜보았을까? 나는 그 산에 있는 조그만 암석 조각을 가져와 꿈의식을 치르기로 했다. 밤이 되어 나는 혹시 그 산이 나에게 하고 싶은 말이 있는지 암석 조각에게 물었다. 그러고 나서 그 암석 조각을 베개 밑에 넣고 잠들었다. 그날 밤 꿈에서 나는 아주 큰 웅덩이가 있는 산을 보았다. 그 웅덩이는 구리 광산 때문에 산의 한가운데에 생긴 것이었다. 그 모습을 보고 있자니 명백하게 자연이 훼손되었다는 느낌이 들었다. 마치 그 산은 자신이 훼손되고 학대당했다고 말하고 있는 것 같았다. 나는 산이 보낸 메시지를 받고 어떤 활동이라도 하고 싶어졌고 동시에 반드시 해야 한다는 의무감도 느꼈다.

융은 일상에서 떠오르는 이미지들을 토대로 윤리적인 결론을 이끌어내려고 노력했다. 그는 "이미지들을 어느 정도 이해하면서도 그것에 대한 지식으로 이미지를 멈추게 할 수 있다고 믿는 사람은 위험한 오류를 범하고 있다. 자신의 인식을 윤리적 의미로 바라보지 않는 자는 권력원리에 빠지게 된다."[*1]라고 말했다. 나는 그 산에 대한 꿈을 꾼 이후 유타주의 융학회 회원들과 함께 꿈과 자연에 관한 행사를 기획했다. 그 행사의 목적은 외부의 자연과 인간 내면의 자연을 연결하고 이 연결선상에서 꿈의 역할을 이해하는 것이었다. 나무나 산, 바다가 자신들의 현재 상태를 알려주기 위해 우리 꿈에 직접 나타나는 방식으로, 사람들은 자연의 상태에 대해 자연스럽게 꿈꿀 수 있다. 우리 자신의 내면과 안녕은 외부 자연과 상호 의존적인 관계이며, 우리의 안녕은 자연에 달려 있기 때문에 자연을 보호해야 한다.

나무 한 그루나 꽃 한 송이, 언덕, 동물 한 마리, 집에서 함께 사는 반려동물을 포함해 의미 있는 자연의 대상에 대해 내가 한 것처럼 누구나 실천해볼 수 있다. 그 경험을 통해 가치 있는 메시지가 당신에게 전달될 것이다.

---

* 카를 구스타프 융 지음, 조성기 옮김, 《카를 융: 기억 꿈 사상》, 김영사, 2007(전자책), 재인용

영적 세계와 맺는 관계

티베트불교에서 꿈작업은 깨달음이라는 더 큰 목표를 이루기 위해 집중하는 영적 수행이다. 또한 불교 전통에서는 꿈을 꾸는 상태에서 영적 가르침을 받거나, 돌아가신 스승을 만나거나, 현실의 본질을 탐험할 수 있다고 믿는다. 이 과정에서 시험 삼아 꿈에게 특정 질문들을 하고 그 응답을 살펴보면서 점점 영적 탐험가의 길을 걷게 된다.

마크라는 남성이 있다. 패션 스타일이 좋고 성실하며 사랑하는 연인이 있다. 하지만 가족 중 몇 명이 세상을 떠난 것을 계기로 '죽음으로 향하는 삶'이라는 하루 종일 진행된 꿈 워크숍에 참석했다. 워크숍이 끝난 그날 밤 그는 꿈에게 이렇게 질문했다. "죽음에 대해 아는 것이 어떻게 도움이 됩니까?"

그러고 나서 이런 꿈을 꾸었다. "내가 식당에서 어떤 여성과 이야기하고 있어요. 오른쪽을 봤더니 텅 빈 식당 한가운데에 있는 테이블에 돌아가신 아버지가 혼자 앉아 우리를 바라보고 계세요. 나는 아버지를 보자 너무 기쁜 나머지 우리 쪽으로 오시라고 손을 막 흔들어요. 아버지는 우리 쪽으로 오셔서 우리 테이블 옆에 서 계세요. 아버지가 똑똑히 보여요. 얼굴도 잘 보이고요. 그리고 아버지가 우리와 함께 앉으세요." 마크는 꿈에서 아버지를 만나 너무나도 기뻤다. 마크는 이 꿈을, 그의 아버지가 여전히 가까운 곳에서 그를 지켜보고 있으며 그가 원하면 아버지가 함께해줄 것이라는 의미로 받아들였다.

당신은 어떤 도움을 받고 싶은가? 창의력이나 사업, 재정문제에 대한 것인가? 아니면 당신을 사로잡고 있는 생각들에서 벗어나고 싶은가? 어떤 문제에 대한 것이든 당신은 꿈에게 도움을 요청할 수 있다. 이 책의 부록에는 꿈에게 할 수 있는 기본 질문들이 있다. 다음 장에서는 자신만의 질문을 만드는 가장 좋은 방법에 대해 알아볼 것이다. 인생은 신비롭고 아름답다. 그리고 오직 당신만이 그 신비로움을 가린 베일을 벗겨주는 질문을 만들어갈 수 있다. 그 과정은 분명히 행복한 탐험이 될 것이다!

7

인생을 바꾸는
아름다운 질문

알베르트 아인슈타인Albert Einstein은 이렇게 말했다. "내 인생이 걸린 문제를 한 시간 안에 풀어야 한다면, 나는 올바른 질문을 만들기 위해 오십오 분을 사용할 것이다. 질문이 올바르기만 하면 그 문제를 푸는 데 오 분도 채 걸리지 않을 것이기 때문이다." 아인슈타인이 제대로 된 질문을 만드는 데 시간을 충분히 쓰라고 강조한 것처럼 꿈배양에서도 적절한 질문을 만드는 데 시간을 쓰는 것이 중요하다고 강조하고 싶다. 여러분이 꿈에게 묻는 질문의 수준이 응답의 수준을 결정한다.

꿈배양에서 이해할 수 없는 응답을 받거나 응답을 아예 받지 못한 사람들은 꿈배양이 효과가 없다고 말한다. 이런 경우에는 먼저 그들이 어떻게 질문했는지 살펴보아야 한다. 그 질문의 문장 자체가 문제의 원인인 경우가 많기 때문이다. 올바르지 않은 꿈질문을 사용해서 이해하기 어려운 꿈응답을 받았던 사례가 있다.

나는 영화 〈1001 아라비안나이트1001 Arabian Nights〉에 나올 법한 마법 같은 도시 마라케시에서 열린 꿈에 대한 주말 워크숍에 촉진자_facilitator_로 참여한 적이 있다. 이 워크숍 참가자 중에 아름다운 올리브색 피부와 부드러운 갈색 눈의 파리아라는 그 지역 여성이 있었다. 그때 그녀는 룸메이트를 들이려고 하다가, 여러 가지 이유들 때문에 고민하고 있었다. 파리아는 성격이 너그럽지만 예민하고 내향성이 강해서 다른 사람의 에너지에 영향을 많이 받는 편이었다. 그 때문에 자신과 성격이 잘 맞는 룸메이트를 만나는 것이 중요했다. 그녀는 워크숍이 끝나고 꿈에게 다음과 같이 질문했다. "이 사람을 저의 룸메이트로 제 집에 들여야 할까요, 말아야 할까요?" 이는 한 문장에서 두 가지를 물어보고 있기 때문에 잘못된 질문이다. 게다가 그 두 질문의 내용은 서로 배치된다. 여기에 어떤 문제가 있을까? 그녀가 받은 꿈응답을 살펴보면, 어떤 것이 "들여야 할까요?"에 대한 응답이고 어떤 것이 "말아야 할까요?"에 대한 응답인지 이해하기 어렵다. 룸메이드를 들여야 할지 말아야 할지에 대한 파리아의 질문에 과연 꿈이 어떻게 대답해줄지 잠깐 생각해보자.

그래서 우리가 이해하기 쉬운 꿈의 응답을 받으려면 다음과 같이 물어보는 것이 좋다. "이 사람을 내 집에 들이면 어떤 결과가 생길까요?" 이렇게 질문하면 꿈은 전적으로 그 사람을 룸메이트로 맞은 상황의 결과에 집중해서 응답해줄 것이다. 만약 자신이 던진 꿈배양 질문에 대해 꿈이 어떻게 응답할지 상상할 수 있다면 그 가능성만으로도 꿈배양 질문이 잘 만들어졌다고 확인할 수 있다. 우리는 꿈질문에 대한 응답으로 부정적이거나 긍정적인 상황 또는 긍정적이지도 부정적이지도 않은 애매한 상황을 상상할 수 있다. 그리고 그 상황을 꿈질문에 대한 꿈의 응답이라고 생각할 수 있다. 이 꿈질문을 검증하는 방식에 대해서는 다시 다룰 것이다.

그녀는 첫 번째로 던졌던 꿈질문에 응답을 받긴 했지만, 그저 이리저리 움직이고 있는 삼각형들만 보았을 뿐이다. 삼각형의 꼭짓점들에는 불이 붙어 있었는데 그녀는 그 꿈을 도저히 이해할 수 없었다. 그래서 결국 다시 한번 정성을 들여 꿈배양 질문을 만들었다. 파리아는 다시 이렇게 물었다. "이 사람을 내 집에 룸메이트로 들이면 어떤 결과가 일어날까요?"

다음 날 밤 파리아는 다음과 같은 꿈을 꾸었다. "자동차로 여행을 하고 있는데 기름이 떨어졌어요. 주유소에 갔는데 기름을 넣어주는 직원이 없어요. 아무도 나를 도와주지 않아서 짜증이 나고 화가 치밀어요." (모로코에서는 주유소 직원들만 차에 기름을 넣을 수 있기 때문에 대부분의 사람들은 기름 넣는 방법을 모른다.) 파리아는 분노와 짜증, 도와주는 사람이 없어서 겪는 불편함이 꿈의 주요 느낌이었음을 알아차렸다. 그리고 그 느낌이 그 여성을 룸메이트로 들였을 때 경험하게 될 결과를 의미한다고 받아들였다. 그래서 룸메이트를 받지 않기로 했다.

이 사례에서도 알 수 있듯이 한 번 더 다듬고 잘 구성한 질문을 할 때 꿈은 훨씬 명확하고 이해하기 쉽게 응답한다. 그러므로 꿈에게 무엇을 물어야 할지 고민하기보다는 어떻게 물어봐야 할지에 더 신경을 써야 한다.

진정한 대화를 위한 올바른 질문

미국 국가인문학훈장 National Humanities Medal과 피버디상 the Peabody Awards, 웨비상 Webby Awards을 수상한 라디오 진행자이자 작가인 크리스타 티펫 Krista Tippet은 "질문은 그 자체와 비슷한 대답을 이끌어낸다"라고 했다. 어떻게 꿈질문을 하고 그 질문을 어떻게 만들어야 하는지 자세히 알아보기 전에, 꿈뿐만 아니라 다른 상황에서도 제대로 질문하는 것이 얼마나 중요한지 좀 더 이야기해보려고 한다.

질문하는 것에서부터 창의적인 해결책을 만들 수 있다. 제대로 질문하는 것은 과학이나 의학, 철학에서 새로운 발견을 가능하게 하는 핵심 동력이다.

민담과 신화 전문가인 융학파 분석가 폰 프란츠는 "민담에서

는 주인공이 상황에 맞는 질문을 한 결과로 구제^{deliverance}받는 것은 보편적으로 나타나는 모티브"라고 말했다. 여기서 구제란 마법의 주문을 풀거나 인격적으로 변환^{transformation}*을 이루는 것, 구원^{redemption}받는 것을 의미한다. 폰 프란츠 박사는 또 이렇게 설명한다. "융심리학적으로는 그것이 원형적 모티브다. 민담에서 보편적으로 보물을 찾고 싶어 하는 영웅은 한 가지 이상의 특정한 임무를 수행해야 한다. 영웅의 모험에서 결과의 성패를 결정하는 몇 가지 중요한 지점이 있는데, 그중 하나가 바로 올바르게 질문하는

* 개인이 심리적, 영적 성장을 통해 진정한 자아를 발견하고 더 높은 수준의 통합된 인격을 형성하는 과정

것이다."**1**

　선불교에서 깨달음으로 가는 길에는 난해한 선문답이 널려 있다. 이 선문답의 목적은 자아에 대한 집착을 깨고 마음을 여는 것이다. 새로운 의식 수준에 이르기 위해 제대로 질문하는 것이 중요하다는 사실은 인류가 공통적으로 인식했다. 중세 이후 전해 내려오는 성배신화^{Grail legend}도 그 분명한 예다.

　성배신화에서 어부왕^{the Fisher King}은 병에 걸렸다. 그리고 오래전부터 순진한 바보가 궁전에 와서 어떤 질문을 하면 왕의 병이 낫는다는 예언이 있었다. 주인공 파르지팔은 처음 궁전에 왔을 때 감히 아무것도 묻지 못한다. 모두가 낙담했고 파르지팔이 그 궁전을 다시 찾을 때까지 20년을 더 기다려야 했다. 이 파르지팔의 이야기에서, 그가 정확하게 질문하는 순간 왕은 치유되고 궁전은 기쁨으로 가득 찬다. 융학파 심리학자인 로버트 존슨^{Robert Jonson}은 그 장면을 이렇게 설명한다. "바그너의 오페라 〈파르지팔^{Parsifal}〉에서 상처 입은 어부왕이 그 순간 힘차게 일어나 힘과 강인함이 넘치는 장엄한 노래를 부른다. 여기가 바로 이야기의 절정이다."*²

　이 이야기에서도 알 수 있듯이 제대로 질문하는 것은 매우 중

---

*　로버트 A. 존슨 지음, 고혜경 옮김, 《신화로 읽는 남성성 HE》, 동연, 2006, 재인용

요하다. 질문하는 과정을 통해 상대방의 대답에서 알 수 있는 것만큼이나 그 질문을 하는 주체에 대해 많은 사실을 알 수 있기 때문이다. 올바른 질문을 통해 그 사람의 성격과 진짜 의도가 드러난다. 정의로운 성격과 올바른 의도를 바탕으로 했을 때만 주인공은 결말에서 축복을 받을 수 있다.

제대로 된 질문은 다른 사람들이나 자기 자신과의 관계에서 친밀감과 개방성을 높여주고 놀라움과 새로운 것을 발견할 수 있게 해준다. 진정한 대화가 이루어지려면 훌륭한 질문이 필수적이다. 정신이 번쩍 들게 하는 질문을 만날 때도 있다. 그때는 자신이 알고 있다고 생각하는 영역의 가장자리까지 밀려 나가서 지금껏 알지 못했던 세상과 맞선 기분이 들게 된다. 그런 상황에 부닥치면 자신이 약자가 된 듯한 느낌이 들기도 하지만, 아이러니하게도 오직 그 상태에서만 자기 자신과 외부가 연결되어 있다는 친밀감을 느끼게 된다.

어느 날 강의가 끝나고 지인과 참석자 한 명이 나에게 다가와 물었다. "오늘의 당신은 발표자로서 지난해의 당신과 어떻게 다른가요?" 전혀 생각해본 적이 없었기 때문에 그 질문은 나를 인식과 무지의 경계선까지 몰고 갔고, 내가 몰랐던 세계와 대면하면서 내가 어떻게 변했는지 솔직하게 고민하고 되돌아봐야 했다. 나에게 그 질문을 한 사람과는 유대감과 친밀감이 느껴졌다. 일 년 동안의 나를 되돌아보면서 기억을 더듬으며 내가 약해졌던 순간들을 찾아내야 했다. 그 과정에서 나 자신이 약하다고 느꼈던 순간을 떠올리는 동시에 그 질문을 한 사람과의 관계를 생각할 수밖에 없었다.

꿈배양을 위한 탐구 과정에서 훌륭한 질문을 하는 것은 너무나 중요하다. 당신 자신에 대해 더 깊이 생각하게 하고 호기심을 불러일으키며 자기 자신과 인생에 존재하는 새롭고 복잡한 문제를 해결할 수 있도록 이끄는 질문들을 해야 한다. 그런 질문들은 당신이 세상에 창의적인 방식으로 공헌할 수 있도록 도와준다. 자각몽을 꿀 수 있다면 꿈꾸는 상태에서 질문하거나 실험적인 질문을 해볼 수도 있다.

당신의 질문은 현실에 있든 꿈속에 있든 의식 수준과 상관없이 당신이 집중할 수 있도록 유도한다. "당신이 집중하고 있는 문제에 따라 경험하는 것이 선택된다"라고 웨거너는 설명한다. 만약 질문이 바뀌면 그에 따라 우리의 경험과 결과도 바뀐다. 많은 사람이 "나에게 무슨 문제가 있는 건가요?" "나는 왜 살을 뺄 수가 없나요?" "그래서 그게 무슨 상관인가요?"처럼 맥 빠지는 질문을 한다. 그러면 당신의 마음은 그처럼 맥 빠지는 질문에 대해 그다지 친절하지 않은 방식으로 대답해줄 것이다. 그 대답들 때문에 자존감이 떨어지거나 불쾌하거나 부정적인 방향으로 인생이 바뀔 수도 있다. 인생에서 의미 있는 일을 하고 성취감을 높이고 싶다면 자신에게 훌륭한 질문을 하기 위해 노력해야 한다. 데이비드 화이트 David Whyte는 '아름다운 질문'을 해야 그 사람의 인생을 바꿀 수 있다고 말한다.

어느 날 나는 친구이자 동료인 지인으로부터 한 가지 질문을 받았다. 그 질문은 나를 꿈배양이라는 거대한 영역으로 이끌었고 오랫동안 간직해왔던 소망을 이루게 해주었다. 나는 그 친구를 내 차에 태우고 네덜란드의 암스테르담에서 운전하고 있었다. 우리는 살면서 꼭 하고 싶은 일이 무엇인지 이야기하고 있었다. 나는 사실 일 년 정도 아시아 전역을 여행하고 싶다고 말했다. 나에게는 생각하는 것만으로도 설레는 소망이었다. 그때 친구가 내게 던진 짧은 질문에 나는 머리를 한 대 맞은 느낌이 들었다.

"여행을 못 가는 이유가 뭔데?"

잠시 무거운 침묵이 흘렀다. 나는 어깨를 잔뜩 움츠린 채 머리만 끄덕이고 있었다. 왜 아시아로 떠나지 못하는지 곧바로 대답하기는 어려웠다. 친구의 그 짧은 질문을 둘러싼 침묵 속에서 고요하고 명확하게 답을 찾았다. 나를 떠나지 못하게 하는 장애물은 사실 없었다.

그러던 어느 날 밤, 일 년 동안 아시아를 여행하겠다는 결정에 대해서 꿈은 뭐라고 말할지 궁금해졌다. 여행을 떠나려는 열망이 있었음에도 나는 사실 현실적 두려움 때문에 망설이고 있었다. 직장을 그만두면 고정 수입이 끊길 것이며, 여행을 다녀온 후에 다시 직장을 얻지 못할 가능성도 있다. 또 낯선 여행지에서 어떤 돌발상황이 일어날지도 예상할 수 없다. 그날 밤 나는 한 친구에 대한 꿈을 꾸었다. 언제나 배짱이 두둑하고 겁이 없었던 고등학교 때 친구였다. 현실적인 걱정 때문에 여행을 망설이고 있던 나에게 꿈은 그 친구를 보여주는 것으로 응답해주었다. 꿈은 그 친구가 그랬던 것처럼 패기를 갖고 여행을 떠나라고 권하는 것 같았다. 담대하고 용감하게.

그로부터 석 달이 지난 뒤, 나는 밤 비행기에 몸을 싣고 있었고 창밖으로는 태국의 푸른 정글이 펼쳐졌다. 삼시 후 떠오르는 붉은 해를 보면서 생각했다. 이 멋진 대륙이 한 해 동안 나의 새로운 무대가 될 거라고.

어느 날 갑자기 친구가 나에게 했던 그 간단한 질문은 내 인생의 전환점이 되었다. 물론 더 좋은 쪽으로 바뀌었다. 그것이 올바른 질문의 힘이다.

8

오늘 밤
꿈에게 할 질문

'오늘 밤 꿈에게 뭐라고 물어봐야 되지?'라는 질문은 꿈배양의 출발점이다. 이제 올바르게 질문하는 것이 얼마나 중요한지, 효과적인 질문으로 인생이 얼마나 바뀌는지 알게 되었다. 이 장에서는 자신만의 질문을 만들어내는 방법을 알려주려고 한다.

잘 묻고 잘 듣기

좋은 질문을 통해 흥미롭고 때로는 겁이 날 수도 있는 의식의 깊은 단계에 이르거나, 미래에 대한 걱정과 기대감에 사로잡힐 수도 있다. 좋은 질문을 만들어내려면 용기 있고 솔직해야 하며 자신의 약점을 드러낼 수도 있어야 한다. 그러면서 긴장감과 두려움을 참아내는 능력을 갖춰야 한다. 또한 이 과정에서 자기 자신에게 먼저 관대해야 하고 좋은 질문을 한 다음에는 마음을 다해 꿈의 응답에 귀를 기울여야 한다.

'질문 question'은 '추구 quest'에서 유래했으며 탐색한다는 뜻이다. 중세 모험담에서 퀘스트, 곧 추구는 '기사도의 진취성'을 의미하며 주로 모험하는 과정에서 나타난다. 나는 그 추구가 꿈배양을 창조하는 근본 정신이라고 생각한다.

올바른 질문에는 두 가지 요소가 있다. 첫째는 질문하는 것, 둘째는 응답을 듣는 것이다. 질문을 하고 나서 그 응답에 귀를 기울이는 것은 너무나 논리적이다. 하지만 지금까지 내 경험에 따르면 많은 수강생들이 꿈의 응답을 열린 마음으로 받아들이려 하지 않았다.

나는 신성한 행동주의와 꿈들 sacred activism and dreams에 관한 워크숍에서 앤드루 하비 Andrew Harvey와 함께 촉진자로 참여하고 있었다. 그가 "나는 어떤 경우에 겁쟁이가 되는가?"라는 멋진 질문을 제시했다. 그 질문에 대한 답을 너무나 알고 싶었던 나는 꿈에게 같은 질문을 했다. 그리고 그 질문에 응답하는 꿈을 꾸었다.

꿈속에서 나에게 다가오는 한 여인을 보았다. 아마도 예전에 나를 배신했던 것 같은 사람이었는데, 그녀가 나에게 인사하자 나는 지나치게 반가워했다. 나는 심지어 그녀와 잠시 춤을 추기까지 했다. 그녀에게 팔을 두르고 우아하게 몸을 앞뒤로 젖히며 춤을 췄다. 마치 내가 그녀를 유혹하려는 것 같았다.

꿈에서 깨어난 후 나는 고개를 가로저을 수밖에 없었다. 해석할 필요도 없는 꿈이 분명했다. 나는 내가 소심하다는 사실을 알고 있었다. 그녀에게 괜히 더 친절한 척했던 이유는 바로 두려움 때문이었다. 그 사람에게 정면으로 맞서고 싶지만 그렇게 하지 못하는 두려움 말이다. 이런 겁쟁이 같은 내 모습을 인정하고 싶지 않았지만, 이 문제를 해결하기 위해 꿈작업을 해보려는 의지는 확인할 수 있었다.

우리가 꿈에게 조언을 구할 때 가장 필요한 것은 그 응답을 듣고자 하는 순수한 열망과 의지다. 그런 마음이 없다면 굳이 꿈에게 질문할 이유가 없다. 어쩌면 철저히 숨기고 싶은 자신의 모습을 꿈의 응답으로 보게 될 수도 있다. 그러면 자기 자신과 주변 사람 모두를 힘들게 하는 신경과민으로 발전할 수도 있다.

나는 몇 년 동안 꿈배양 질문에 대한 설명들을 관심 있게 듣고, 직접 질문도 만들면서 꿈질문을 만드는 데 도움이 되는 네 가지 가이드라인을 고안했다.

첫째, 당신의 질문은 살아 있는가?

둘째, 꿈질문의 의도가 더 큰 공익을 위한 것인가?

셋째, 당신의 질문은 충분히 구체적인가?

넷째, 당신은 꿈의 응답을 열린 마음으로 받아들일 수 있는가?

이제 네 가지 가이드라인에 대해 하나씩 알아보자.

당신의 질문은 살아 있는가?

오늘 아침 눈을 떠서 지금까지 계속 떠오르는 생각은 무엇인가? 자기도 모르게 빠져드는 공상은 어떤 것인가? 무엇이 당신의 감정을 흔들어 놓는가? 생각만 해도 당신을 기쁘게 하는 것이 있고, 반대로 당신에게 분노를 일으키거나 생각만으로도 불안해지는 대상이 있을 것이다.

이런 대상에 관한 꿈배양 질문은 매우 훌륭한 것이 될 가능성이 높다. 왜냐하면 삶에서 바로 뽑아낸 살아 있는 질문이기 때문이다. 이런 질문을 꿈배양 질문으로 발전시키려면 자신의 인생을 용기 있게 대하고 헌신하려는 마음이 있어야 한다. 당신이 사랑하는 것을 쫓아가다 보면 두려움을 느낄 수도 있다. 그리고 그 두려움이 몰려오는 느낌을 마주하다가 겁에 질릴 수도 있다. 하지만 바로 그곳이 자기 자신의 한계라고 스스로 정해둔 지점이며, 그 사실을 확인한 다음부터는 돌파구를 마련할 수 있다.

누군가에게 가장 살아 있는 질문을 꼽으라고 한다면 자신의 소명이나 근원적인 인간관계처럼 큰 질문들에서부터 일상의 소소한 관심사에 이르기까지 다양할 것이다. 몇 가지 큰 질문을 먼저 하고 나면 일상에서 사소한 질문들을 더 많이 찾아낼 수 있고 결과적으로 꿈의 도움을 충분히 받을 수 있다는 사실을 깨닫게 될 것이다. 나의 누이인 아케-진^{Akke-Jeanne}은 이렇게 묻길 좋아한다. "오늘의 꿈 질문은 뭘까?"

혹시 누군가와 말다툼하고 나서 계속 찜찜한가? 어떤 문제를 해결하려고 노력하고 있는가? 시간을 좀 더 효율적으로 쓸 수 있는 방법을 찾으려고 궁리하거나 건강한 식습관에 대해 고민해본 하루였는가? 이런 질문들을 꿈에게 한다면 고민한 노력의 대가를 충분히 받을 수 있을 것이다.

여러분 안에 살아 있는 것은 소명의 형태로 나타날 수 있다. 이를 융학파에서는 개성화 과정이라고 한다. 자신의 소명을 실현하면서 더 의미 있게 살고 자신의 인생을 끊임없이 창조해가는 과정을 멈추지 않는 것이다. 융에게는 조상들이 그에게 질문하는 형태로 소명이 찾아왔다. 이는 내가 만나본 아프리카의 영적 전통에서 이야기하는 사례들과 크게 다르지 않았다. 조상들은 자신들이 해결하지 못한 질문을 갖고 있는 후손을 찾아오며, 이 후손은 조상들이 전한 특정한 문제들을 해결해야 하는 임무를 갖고 태어난다고 설명한다. 이 소명이 피할 수 없는 임무처럼 느껴질 수도 있지만, 언제나 소명은 여러분이 세상에 던지는 질문의 형태로 나타난다. 대담하고 어유 있게 인생이라는 게임에 임하라고 권유하는 것이다.

살아 있는 꿈배양 질문을 하면 최고의 응답을 받을 수 있다. 디어드리 배럿의 연구에 따르면, 감정적으로 연결되어 있으며 개인의 삶에 괸힌 질문이 꿈응답을 활발하게 촉진한다. 삶에서 의미가 없고 삶과 동떨어져 있거나 일반적인 꿈배양 질문에 대한 응답은 명확하지 않거나 아예 응답이 없을 수도 있다. 살아 있는 꿈질문은 '그래서 뭐?'라고 묻는 꿈의 테스트를 통과할 것이다. 예를 들어 "오늘 밤 이웃이 저녁으로 무엇을 먹었을까요?" 같은 질문은 확실히 꿈의 테스트를 통과할 수 없다.

살아 있는 질문을 만드려면 외부의 방해를 받지 않고 자기 자신과 대화할 수 있는 곳을 찾아야 한다. 그러고 나서 자신과 대화한 내용을 일기에 적거나 소리 내서 말하면서 스스로에게 아주 단순한 질문을 해보자. "오늘 밤 꿈에게 무엇을 물어봐야 할까?" 가장 먼저 떠오르는 질문이 진정으로 묻고 싶은 것일 수 있다. 용기를 내어 그 첫 번째 문제가 수면 위로 떠오르게 하자. 데이비드 화이트는 "모르는 것과 직면하는 용기를 내야 좋은 질문을 할 수 있다"라고 말한다.

만약 질문이 여러 개 떠오른다면 다른 날 물어볼 수 있도록 적어 놓자. 당신에게 가장 먼저 찾아온 질문으로 시작하는 것이 좋다. 대체로 그 질문이 지금으로서는 가장 답을 받아야 하는 질문이기 때문에, 그에 대한 대답을 듣는 것은 미래의 자신을 위해 지금의 내가 할 수 있는 유익한 행동이 될 것이다.

화이트의 견해에 따르면, 지금 내가 알지 못하는 것을 인정하고 그 부분에 대해 질문하는 것이 미래에 행복한 나를 위해 할 수 있는 옳은 행동이다. 왜냐하면 오늘 당신이 현명하게 결정한 덕분에 미래의 당신은 더 훌륭하게 성장했을 것이기 때문이다. 그 질문은 자신의 감정에 대한 것이거나 너무도 간절히 원하는 경험에 대한 것일 수도 있다. 동시에 다른 사람에게 물어보기는 두렵고 자기 자신에게도 숨기고 싶은 것에 대한 질문일 수 있다. 마치 쉬지 않고 누군가가 방문을 두드리는 것처럼 느껴질 수 있기 때문에 화이트는 이런 주제에 대한 질문들을 '사라질 권리가 없는 질문'이라고 부른다. 이 질문들은 여러분의 개성화 과정이나 인생 또는 인생이 걸린 계약과 관련되어 있다. 두려워질 수도 있지만 여러 가지 길을 통해 용기 있게 질문할 수 있는 핵심적인 방법에 도달할 수 있다. 이제부터 그 부분에 대해 좀 더 자세히 설명하려고 한다. 하지만 스스로가 어떤 질문을 할지 알아야 한다는 것, 그 질문을 만드는 노력을 멈춰서는 안 된다는 것이 무엇보다 중요하다.

꿈질문의 의도가 더 큰 공익을 위한 것인가?

꿈질문에 대한 응답을 듣고 싶어 하는 이유는 무엇인가? 자신만의 이익을 위해 꿈의 응답을 듣고 싶은가? 꿈으로부터 배운 것으로 세상에 더 큰 이익을 만들어내는 데 기여하고 싶은가?

꿈배양 질문에는 여러 가지 의도가 있을 수 있다. "《뉴욕타임스《New York Times》1면의 헤드라인은 무엇일까?" 같은 질문을 예로 들 수 있다. 이 질문에 대한 답이 궁금한 이유를 생각해보자. 그 응답이 당신의 인생에 어떤 이득을 가져다줄지 생각해보는 것이다. 혹시 미래를 정확히 예측하는 꿈을 꾸었다고 자랑하고 싶은가? 그렇다면 그저 개인의 만족을 위한 꿈질문일 뿐이다. 하지만 당신이 미래를 예측하는 능력을 진심으로 갖고 싶어서 타로나 주역처럼 예지력을 기르기 위한 기술을 익히고 있다면, 앞으로 일어날 일들을 정확하게 예측하기 위해 꿈에게 그런 도움을 요청했다면 당신의 의도는 더 큰 공익을 위한 것일 수 있다.

지금까지 살펴봤듯이 꿈배양 질문은 자기 자신에 대한 것이고 자신의 감정을 잘 이해하고 있으며 자신의 삶과 관련되어 있을 때 훌륭한 역할을 해낸다. 하지만 앞서 이야기한《뉴욕타임스》의 헤드라인 같은 현실적인 질문은 개인적인 것으로 이해하기 어렵다. 물론 그런 질문을 통해 우리가 살고 있는 세상을 깊이 이해하는 데 도움을 받을 수는 있다. 그런 질문에 대한 응답을 받아서 개인이 현실을 더 세세히 이해하게 된다면, 비로소 세상의 여러 가지 장애물을 헤쳐 나가는 과정에서 그 질문은 우리와 관련된 질문이 될 것이다. 그리고 그 질문을 통해 세상과 잘 어울려 살아가는 법을 배우게 될 것이다. 이런 경우에는 결과적으로 의도가 긍정적인 질문이 된다.

더 큰 공익을 위한 질문은 긍정적인 의도를 바탕으로 만들어진다. 그 의도로 그 질문을 한 사람의 마음 됨됨이를 알 수 있다. 그리고 앞에서 이야기했듯 진심으로 한 질문의 의도는 긍정적이며 이해하기 쉬운 꿈응답을 받기 위한 선행조건이다. 자신이 치유받기 위해 꿈에게 질문하는 경우에도 공익을 위한 적절한 마음 씀씀이가 원형적 모티브에 존재해야 한다.

이제는 관련된 모든 사람에게 이익이 될 수 있는 질문을 발전시켜 보자. 만약 당신이 사업체를 키우고 싶다면 꿈에게 그 방법을 물어볼 수 있다. 오래전 아일랜드의 어부나 캐나다 퀘벡주 북부의 원주민은 꿈의 도움을 받아 사냥할 동물을 찾았다. 무리 중 한 사람이 사냥 장소를 알려주는 특히 강렬한 꿈을 꾸기도 했다. 하지만 필요 이상으로 많은 생명을 죽이면 꿈은 분노의 메시지를 보냈다.

그렇다면 여러분은 꿈질문에 집중해서 더 구체적으로 물어볼 수 있다. 예를 들어 "우리 가게에 손님이 더 많이 오게 하려면 어떻게 해야 하나요?"라고 묻는 것보다는 "내가 제공하는 서비스로 혜택을 받는 고객들을 더 늘리려면 어떻게 해야 하나요?"라고 질문하는 것이다. 그러면 좀 더 친절하고 관대한 방식으로 자신이 질문하는 의도가 많은 사람들에게 도움을 주려는 것임을 꿈에게 보여줄 수 있다. 또는 당신의 꿈배양 과정에서 일정 시간을 다른 사람의 이익을 위해 사용할 수도 있다. "인생 내내 지속되지만 가장 긴박한 질문은 '당신은 다른 사람을 위해 무슨 일을 하고 있는가?'이다"라고 마틴 루서 킹Martin Luther King 목사는 말했다.

 하루를 마무리하고 잠드는 순간 이제 꿈에게 하는 질문은 당신이 책임져야 한다. 꿈에게 질문하는 법이 서툴더라도 꿈은 섣불리 판단하지 않는다. 솔직했지만 질문하는 과정에서 실수했다면 꿈은 당신이 시도하고 노력했다는 진정한 의도를 인정하고 앞으로 계속될 여정을 진심으로 응원해줄 것이다. 꿈은 언제나 우리와 관계를 맺고 싶어 한다는 사실을 항상 기억해야 한다. 꿈은 우리를 도움이 필요한 영역으로 안내하고 우리의 요청에 응답하기 위해 항상 기다리고 있다.

당신의 질문은 충분히 구체적인가?

자신에게 살아 있는 꿈이 무엇이며 꿈의 의도가 진실한지도 확인했다면 이제는 구체적인 꿈질문인지 확인할 단계다. 가치 있고 도움이 되는 꿈응답을 받기 위해서는 무엇보다도 구체적으로 질문을 해야 한다.

구체적 질문은 그 내용이 명확하고 한 가지에 집중되어 있다. 그러므로 꿈질문을 통해 알고 싶은 것을 확실하게 밝혀주는 나침반 역할을 한다. 구체적으로 질문하는 것은, 꿈응답을 단독으로 해석하는 것이 아니라 꿈질문과 그에 대한 응답을 한쌍으로 이해하기 때문에 너무도 중요하다. 따라서 꿈에게 한 질문은 꿈응답을 이해하기 위한 배경지식이다.

그래서 꿈질문은 알고 싶은 것에 대해 아주 구체적으로 만들어야 한다. "새로운 취업 기회에 대한 모든 것을 말해주세요" 같은 질문은 너무 광범위하고 애매하다. "질문은 그 자체와 비슷한 대답을 이끌어낸다"라는 티펫의 말을 항상 기억해야 한다. 그러니까 '직장에 대한 모든 것'에 대해 답하려면 너무 많은 정보가 필요하고, '모든 것'은 어디서부터 설명해야 할지 모를 정도로 어려운 말이다. '직장을 얻을 기회에 대한 모든 것'에는 기존에 알고 있던 많은 직업의 다양한 측면이 포함될 수 있다. 이 때문에 어쩌면 태어나서 한 번도 관심 가져본 적 없는 분야에 대한 답을 들을 수도 있다. 대신 한 가지에 훨씬 집중되어 있고 구체적인 질문은 "내가 이 새로운 직업을 받아들이면 어떨까?" 같은 것이다. 이보다 좀 더 구체적인 질문으로는 다음과 같은 것들이 있다. "이 새로운 취업 기회에 대해 내가 모르고 지나친 측면은 무엇일까요?" "이 새로운 취업 기회에 대해 내가 알아야 할 중요한 것이 있다면 제발 알려주세요" 등이다. 먼저 자신이 정말로 알고 싶은 것이 무엇인지 생각한 다음에 그 분야에 대해 질문하는 문장을 만든다. 최대한 깊이 생각하고 탐구하고 나서 질문을 만드는 단계에 들어서야 한다. 다시 말해 질문하기 전에 심사숙고하는 과정을 거쳐야 한다는 뜻이다. 오직 자신이 이해한 범위 내에서 답을 찾을 수 없을 때만 꿈에게 질문하는 것이다. 스스로 쉽게 해결할 수 있는 질문이라면 새로운 직장을 얻을 기회에 대해 물어볼 필요는 없다.

심리학에 소질이 있던 한 젊은 여성의 사례가 있다. 그녀는 어떤 대학교로 진학해야 할지 궁금했다. 그런데 혼자 모든 학교들에 대해 알아보지 않고 꿈에게 어떤 학교가 좋을지 물어보고 싶었다. 그래서 일단 여러 학교에 대해 대략적으로 조사한 다음 꿈에게 질문했다. 자신이 알고 있는 내용을 충분히 활용해 더 효과적이고 구체적인 질문을 만들어낼 수 있었고, 그 질문에 대한 응답은 그녀가 장차 어떤 길로 나아갈지 결정하는 데 도움이 되었다.

구체적인 질문이 그렇지 않은 질문과 어떤 차이를 만들어내는지 보여주는 또 다른 사례가 있다. 만약 나를 틀 안에 가두는 생각, 곧 속박적 신념에 대해서 알고 싶다면 보통 "내 속박적 신념들은 무엇인가요?"라고 물어볼 것이다. 이렇게 질문하면 꿈은 너무 많은 사례를 보여줄 것이기 때문에 그중 꿈에 나온 어떤 부분이 어떤 신념에 대한 것인지 추려내기 어려워진다. 그래서 조금 다르게 "내 속박적 신념 중 하나는 무엇인가요?"라고 물어본다면 한 가지 답변만을 받을 것이다. 하지만 이런 경우에는 그 답변 하나만으로 문제의 중요도를 헤아리기 힘들다. 중요한 것인지, 아니면 우연히 그날 강하게 발현된 신념이었는지 알 수 없기 때문이다.

답변받은 것 외에도 더 활성화되어 있고 더 파괴적이어서 다른 것들보다 먼저 떠오르는 생각들도 있을 것이다. 그런 경우를 대비해서 정말로 알고 싶은 내용을 질문해야 한다. "지금 이 순간 내 속박적 신념 중 한 가지는 무엇입니까?" 같은 질문이 적당하다. 여기서 좀 더 구체적으로 "지금 이 순간 나를 가장 주저하게 만드는 속박석 신념은 무엇입니까?" 같은 질문을 만들 수도 있다. 이 두 가지 질문은 각각 다른 응답을 이끌어낼 것이다. 자신의 꿈질문을 만들기 전에는 진정 알고 싶은 것이 무엇인지 스스로에게 물어봐야 한다. 질문을 만들었다면 예상할 수 있는 꿈의 응납을 곰곰이 생각해보면서 자신의 질문이 제대로 만들어졌는지 미리 점검할 수 있다.

당신은 꿈의 응답을 열린 마음으로 받아들일 수 있는가?

꿈의 응답에 귀를 기울이겠다는 의지는 꿈질문을 만들어서 실제로 질문을 하는 과정만큼이나 중요하다. 꿈의 응답을 진지하게 받아들이고 그 응답에 대해 작업하며 꿈이 제안하는 내용을 솔직하게 들여다볼 수 있는 열린 마음이 필요하다. 제12장에서 꿈의 응답을 받아들이는 방법과 꿈분석 작업에 대해 자세히 살펴볼 것이다.

9

사소한 차이로 결정되는 질문의 수준

컴퓨터시뮬레이션을 기반으로 기업체 대상 교육 프로그램을 제공하는 레지스컴퍼니Regis Company에서 흥미로운 실험 결과를 발표했다. 사업 실무자들이 참여해서 업무 도중 실제로 일어날 수 있는 과제들을 시뮬레이션으로 해결하는 실험이었다. 이 실험 결과 최상위 해결 집단과 나머지 일반 집단 사이에서 차이가 나타나는 원인이 밝혀졌다. 그 원인은 바로 그들이 던진 질문이 얼마나 구체적인가였다.

평균적 해결 집단의 실무자들은 자신에게 "내가 무슨 일을 해야 하지?" 같은 질문을 했다. 이는 닫힌 질문이다. 최상위 해결 집단에 속한 사람들은 "내가 무슨 일을 할 수 있을까?" 같은 질문을 했다.[1] 이러한 질문의 사소한 차이가 최상위 해결 집단의 구성원을 무한한 잠재력의 바다로 안내해준 셈이다. 이처럼 질문을 만드는 방법이 그 결과에 미치는 지대한 영향력은 무시할 수 없다. 따라서 지금부터 가장 적절한 꿈배양 질문을 만들어내는 방법과 만들어낸 질문의 결과를 미리 확인하는 방법에 대해 설명하려고 한다.

보통 우리가 질문을 만든다고 하면 글자나 말로 된 문장 형태를 떠올린다. 하지만 반드시 언어로 질문해야 하는 것은 아니다. 이미지 같은 비언어적으로 꿈질문을 만들어내는 또 다른 방식도 있다. 바로 체화된 상상력Embodied Imagination을 사용하는 것이다. 이 기법에서는 꿈에게 요청하려는 다양한 경험들을 감각적으로 느끼면서, 꿈배양하는 데 몸이 직접 느끼는 감각들을 사용한다. 이 기법에 대해서는 '부록 1: 로버트 보스낙Robert Bosnak의 체화된 상상력을 이용한 꿈배양'을 참고하기 바란다.

닫힌 질문과 열린 질문

내 꿈작업 그룹에 참여하고 있는 엘레나는 자신감이 넘치시만 언약한 면도 있다. 예민하고 쉽게 화를 내는 편이며 자괴감과 자기비하에 시달리기도 한다. 어느 날 그녀가 꿈작업 그룹에 나와 스스로 꿈배양 질문을 만들기 시작했다고 이야기했다. 그녀는 진갈색 눈동자를 반짝거리며 그룹원들이 자신의 생각을 지지해주기를 바라는 것 같았다. 나는 머리를 끄덕이며 그녀를 응원하는 마음으로 "뭐라고 물어볼 계획인지 우리에게도 이야기해주세요"라고 말했다.

이전 모임에서 꿈에게 질문할 수 있는 다양한 방식들을 자세히 알아보았기 때문에 그룹원들은 더욱더 열정적으로 엘레나가 아름다운 꿈질문을 만들어낼 수 있도록 도와주려 했다.

엘레나는 "저는 제 자신을 사랑하는 게 항상 힘들었어요. 특히 최근엔 더 그랬던 것 같아요"라고 말했다. 진심 어린 그녀의 말에 그룹원들이 동감했다. 그리고 각자 스스로를 가혹하게 대했던 순간들을 떠올렸다.

엘레나는 계속 말했다. "한동안 좋아지고 있었어요. 그런데 얼마 전 만나던 사람과 헤어지고 나서 태어나기도 전에 저를 떠났던 아버지에 대한 상처가 불쑥 튀어나온 거예요. 이건 정말 내가 해결할 수 없겠다는 느낌이 들면서, 언젠가 이 상처가 정말 나을 것이라고 확신하기 힘들었어요. 다시 상처받은 어린 여자애가 된 것 같았죠. 그런데 어느 순간 정신을 차리고 보니 제 고통을 잊으려고 주변 사람들에게 독한 말을 퍼부으면서 관계를 망치는 방어기제를 사용하고 있더군요."

엘레나는 그룹원들을 향해 머리를 가로저으며 힘없이 말했다. "저는 제 자신을 사랑할 수 있는 멋진 방법을 정말로 찾아내고 싶어요. 이런 파괴적인 감정과 행동을 멈추는 방법을 알아내야겠어요."

그룹원인 폴이 질문을 만들어보기에 좋은 주제라고 생각한다며 고개를 끄덕였다. 그러고 나서 폴은 엘레나와 나머지 그룹원들에게 말했다. "이 질문은 정말로 살아 있는 느낌이고, 자신을 더 나은 방식으로 사랑하자는 주제도 훌륭해요. 이 주제는 구체적이기도 하고 또 엘레나는 진심으로 그 답을 알고 싶어 해요. 당연히 꿈의 응답을 충분히 받아들일 것 같고요. 오늘 밤 꿈에게 질문할 만한 모든 조건을 갖췄군요. 자, 그럼 이제 이 꿈배양 질문을 함께 만들어봅시다!"

엘레나를 포함한 다섯 명의 그룹원들은 가장 적절한 방식으로 질문을 만들어내기 위해 머리를 맞대고 아이디어를 짜내기 시작했다. 폴이 먼저 분위기를 이끌어가듯이 한 가지 꿈질문을 제안했다. "왜 나는 나 자신을 더 사랑하지 않는 걸까요?"

이런 방식으로 꿈질문을 만들면 상황에 대한 통찰력을 얻을 수 있는 대답을 받게 된다. 예를 들어 "왜 나는 나 자신을 더 사랑하지 않는 걸까요?"는 신난적diagnostic인 질문의 형식이다. 하지만 엘레나는 이미 자신을 사랑하지 않는 이유를 어느 정도 알고 있다. 따라서 그녀에게는 어떻게 하면 자신을 더 사랑할 수 있는 방법을 알아내는 것이 더 절실하다. 다시 말해 그녀에게는 지금 진단이 아닌 처방전이 필요하다는 뜻이다.

　평소 자기 자신에게 비판적이었던 엘레나는 큰소리로 자신이 궁금한 점을 다음과 같은 질문으로 표현했다. "나 자신에게 좀 더 다정하게 말하는 방법으로 나 자신을 사랑할 수 있을까요?" 이처럼 유도 질문을 하면 열린 답변을 받을 수 없으므로 우리가 생각하지 못했던 처방을 알려주는 꿈의 응답을 기대하기 어렵다. 이 세상에는 자신을 사랑할 수 있는 방법이 수없이 많고 꿈은 도움이 되는 방법을 우리에게 제안할 수 있다. 그러므로 엘레나의 이 질문은 잘 만들어졌다고 보기 어렵다.

　그룹원들은 엘레나를 위해서 자유롭게 꿈의 처방을 받을 수 있는 질문을 만드는 것이 낫겠다고 합의했다. 폴이 씩씩하게 자신이 만든 꿈질문을 제시했다. "나 자신을 사랑할 수 있는 방법들은 무엇인가요?" 꽤 괜찮은 질문이긴 하지만 한 가지 꺼림직한 부분이 있다. 바로 '방법들'이라는 복수를 사용했기 때문에 꿈이 여러 가지 처방을 제시할 가능성이 높다. 그러면 그 방식들이 무엇인지 혼란스러울 것이다. 예를 들어 "나 자신을 사랑하기 위해 할 수 있는 일이 한 가지 있다면 무엇일까요?"라는 질문은 전의 질문보다 한 가지 문제에 집중되어 있고 구체적이며 꿈이 한 가지 응답을 하도록 만들어져 있다. 이렇게 하면 꿈의 응답을 훨씬 수월하게 이해할 수 있으므로 꿈이 처방한 대로 그냥 따라 하면 된다. 만약 자신을 사랑하는 방법에 대해 더 많은 꿈의 제안을 받고 싶다면 앞에 제시된 질문을 다른 날 밤 똑같이 꿈에게 물어보면 된다.

약간 과묵하긴 하지만 상상력이 뛰어난 또 다른 그룹원인 장 리는 엘레나가 이미 자신의 몇몇 모습은 사랑하는 것 같다고 생각했다. 그래서 엘레나에게 더 맞는 꿈질문을 만들어보자고 다시 제안했다. 그리고 이런 꿈질문을 제시했다. "나 자신을 좀 더 깊이 사랑하기 위해 내가 할 수 있는 한 가지 일은 무엇일까요?" 장 리는 '더 깊이'라는 단어를 덧붙여서 엘레나가 자신의 모습들 가운데 어떤 부분들은 이미 사랑하고 있다는 점을 인정해야 한다고 설명했다. 그런 경우에 꿈은 엘레나가 이미 실행하고 있지만 규칙적으로 해야 하는 일을 보여줄 수도 있고, 엘레나에게 완전히 새로운 제안을 할 수도 있을 것이라고 밀했다.

우리는 단지 꿈이라는 현상에게 묻는 것이 아니다. 꿈 너머에 존재하는 신비로운 현상을 다양한 이름으로 부르면서 질문하는 것이다. 어떤 사람들은 신성이나 하느님이라고 부르고, 또 어떤 이들은 그냥 '꿈'이라고 부른다. 결국 당신이 꿈과 관계를 맺는 데 가장 적합하다고 생각하는 이름으로 부르면 된다.

엘레나는 그룹원들이 작업한 꿈질문을 받아들이고 나서, 꿈이라는 말 대신 그리스신화에 나오는 꿈의 신 모르페우스^{Morpheus}에게 질문하고 싶다고 했다. 그날 밤 엘레나가 사용한 꿈배양 질문은 이러했다. "모르페우스에게 묻습니다. 나 자신을 좀 더 깊이 사랑하기 위해 내가 할 수 있는 한 가지 일은 무엇일까요?"

그날 밤 엘레나는 자신만의 꿈의식을 치렀다. 그녀는 먼저 별을 바라보며 꿈이 자신에게 이해할 수 있는 꿈의 응답을 들려달라고 모르페우스에게 기도했다. 그러고 나서 자리에 누워 꿈질문을 여러 번 되뇌이며 편안하게 잠들었다. 그리고 그날 밤 엘레나는 다음과 같은 꿈의 대답을 받았다. "식당에서 일하고 있는데 내가 좋아하는 남자가 들어왔어요. 나는 그 사람이 있는 테이블로 가서 그에게 내가 가진 돈을 다 줍니다. 심지어 식당에 있는 다른 사람들에게도 돈을 나눠줘요. 그러고 나서 잠에서 깼는데 머릿속에서 이런 말이 들려오는 것 같았어요. 남들한테 다 퍼주지 말고 나 자신에게 사랑을 주라고요."

꿈은 사랑받고 있다고 느끼기 위해 자기 돈을 다른 사람들에게 나눠주고 있는 모습에 주목하라고 엘레나에게 말하고 있다. 여기서 돈은 그녀의 가치와 진가를 의미하는데, 꿈속의 목소리가 그녀에게 이 부분에 대한 메시지를 전한 것이다. 곧 이제부터 돈과 자신의 진가, 사랑을 그녀 자신에게 주라는 뜻이다. 이 꿈의 메시지를 이해한다면 그녀가 할 수 있는 일들은 많다. 남들에게 뭔가를 내주고 싶은 충동에 이끌릴 때, 그 사실을 깨닫고 그것이 남들에게서 사랑을 받으려는 부정적 반응이라고 인식하는 것이 한 가지 방법일 것이다.

엘레나의 사례를 통해 꿈질문을 만들어가는 과정에서 무엇을 알게 되었는지 살펴보자. 질문이 진단적이거나 처방적일 수 있다는 사실, 다양한 꿈의 종류와 그 결과의 차이를 알게 되었다. 또한 결과에 지대한 영향을 주는 질문을 만드는 방식에 닫힌 질문과 열린 질문처럼 차이가 있다는 것도 알게 되었다. 지금부터는 더 구체적인 질문을 만들 수 있는 다른 요소들에 대해 알아보자.

진단적·예측적, 처방적 질문과 요청

우리가 꿈에게 묻는 질문은 세 가지로 나눌 수 있다. 바로 진단적·예측적 prognotic, 처방적 prescriptive 질문과 꿈에게 보내는 요청이나.

첫 번째 질문 형태는 진단적 또는 예측적인 질문이다. 진단적 질문을 하면 자신이 처한 상황에 대한 정보를 얻을 수 있다. 그것은 마치 자신의 마음을 엑스선사진으로 찍어서 들여다보는 것과 같다. 이런 질문을 통해 자신의 상황을 이해하는 데 도움을 얻을 수 있다. "나는 왜 나 자신을 사랑하기가 힘들까요?" "지금 이 순간 나 자신을 속박하고 있는 믿음 중 하나는 무엇인가요?" 같은 질문이 있다. 이런 질문을 하면 꿈은 문제와 관련된 전반적인 정보를 전달해줄 것이다.

예측적인 질문으로는 전반적인 진단을 바탕으로 한 결과를 예상할 수 있다. "내가 이 직업을 가지면 어떨까요?" "이 집을 구하면 어떨까요?" 같은 질문이 이 범주에 해당한다.

우리는 모두 다른 환경에 처해 있기 때문에 각자 다른 형태로 질문해야 한다. 만약 전반적인 상황을 알고 싶다면 진단적 질문을 한 다음에 그 상황을 해결할 방법을 처방적 질문으로 물어볼 수 있다.

진단적 질문을 건너뛰고 처방적 질문부터 하는 사람도 있다. 예를 들어 그 사람에게 필요한 진단적 질문이 "왜 나는 사람들 앞에서 말할 때 두려움에서 벗어나지 못하나요?"라고 하자. 이는 그 사람이 왜 두려움에서 벗어나지 못하는지 통찰하는 데 필요한 실마리를 찾기 위한 질문이다. 초등학교 시절 같은 반 아이들 앞에서 발표할 때 웃음거리가 되었던 기억이 두려움을 만들어낼 수도 있다. 아니면 두려움이 선천적인 정신 구조의 일부일 수도 있다. 또는 '두려움'이라고 스스로 내린 진단에 오류가 있었을 수도 있다. 그렇다면 그 감정은 두려움이 아니라 사람들 앞에서 뭔가를 말해야 한다는 긍정적인 긴장감을 다룰 줄 몰라서 느끼는 불편함일 수도 있다.

하지만 그런 증상을 보이는 이유를 알았다고 해도 그 문제를 해결할 가능성이 생긴 것은 아니다. 이해의 수준에서 해결할 수 없는 문제들이 있다. 부처님의 말씀 가운데 팔에 독화살을 맞고 치료받기 위해 의사를 찾아간 남자 이야기가 나온다. 다친 남자는 의사에게 말한다. "이 화살을 뽑기 전에 누가 이 화살을 나에게 쏘았는지 먼저 알고 싶소." 그러고 나서 활을 쏜 사람의 직업과 신상을 알 때까지 남자는 화살을 뽑지 못하게 한다. 그뿐만 아니라 화살의 재료와 활의 종류를 알아낸 후에야 독화살을 뽑겠다고 말한다. 그는 계속 이렇게 억지를 부렸고 그런 질문이 계속 이어지면서 그 남자가 목숨을 잃게 될 것이 너무나도 확실해지고 있었다. 그런 상황에서는 단순히 화살을 가장 잘 뽑을 수 있는 방법을 묻는 처방적 질문을 해야 했을 것이다.

두 번째 꿈배양 질문은 처방적 질문이다. 엘레나의 경우 "나 자신을 좀 더 깊이 사랑하기 위해 내가 할 수 있는 한 가지 일은 무엇일까요?"라고 물었다. 어떤 문제에 대한 해결 방법이나 상황에 맞는 치료법이 필요할 때 이렇게 처방적 질문을 할 수 있다.

꿈에게 요청하는 것이 세 번째 꿈배양의 방법이다. 정보나 경험 또는 도움에 관한 요청일 수 있다. "오늘 밤 저는 꿈의 세계에서 나의 영적 지도자 중 한 분을 만나고 싶습니다" "꿈에게 부탁합니다. 제발 이 가라앉지 않는 분노를 자는 동안 해결해주세요" 같은 것이다.

이처럼 당신이 질문을 만드는 방식에 따라 다른 응답을 받게 될 것이다.

효과적인 질문을 만드는 여섯 가지 방법

잘 만들어진 꿈질문의 예와 꿈질문을 만드는 좋은 방법을 제안하기 전에 먼저 피해야 하는 유형의 질문들, 곧 닫힌 질문이나 유도질문, 양자택일형 질문에 대해 알아보자.

닫힌 질문은 "꿈에게 묻습니다. 내가 이 일을 해야만 합니까?" 같은 것이다. 이런 질문은 응답의 범위가 예 또는 아니오로 제한되기 때문에 만족스러운 정보를 얻기 어렵다.

양자택일형 질문도 마찬가지로 효과가 없다. 앞에서 언급했던 마라케시의 파리아라는 여성을 기억할 것이다. 그녀가 "이 사람을 저의 룸메이트로 들여야 할까요, 말아야 할까요?"라는 양자택일형 질문을 하고 받았던 꿈의 응답은 이해하기 어려웠다. 그 이유는 그녀가 던진 질문으로는 의미를 이해할 수 없는 꿈으로 이어질 수밖에 없었기 때문이다.

마지막으로 유도 질문이다. 이런 질문을 통해서는 진실하고 솔직한 응답을 받을 수 없다. 만약 당신이 "당신도 내가 이 일을 해야 한다고 생각하나요?"라고 묻는다면, 이 질문에는 이미 편견이 숨어 있다. 이보다는 응답의 내용을 제한하지 않는 활짝 열려 있는 질문이 낫다.

이제부터 꿈배양 질문을 섬세하게 만들어가기 위한 여섯 가지 가이드라인을 제시하겠다.

첫째, 주관식으로 묻기

꿈에서 정보를 얻으려면 주관식 문제를 사용해야 한다. 이렇게 질문하면 꿈은 폭넓게 응답해줄 수 있고 당신이 한 번도 생각해본 직 없는 정보까지도 제공해줄 수 있다. 취업이나 주택 구입 같은 문제에 대해 꿈에게 묻고 싶거나 자신의 속박적 신념에 대해 알고 싶다면 꿈에게 주관식으로 질문하는 것이 가장 좋다. 예를 들어 "이 직장에 다니면 어떤 결과가 따르게 될까요?"처럼 말이다.

몇 가지 예를 더 들어보면 다음과 같다.

- 좋아하는 사람에게 다가가고 싶지만 어쩔 수 없이 느끼는 두려움을 어떻게 극복할 수 있을까요?
- 내가 이 집을 사면 어떨까요?
- 내가 이 직업을 가지면 어떨까요?
- 어떻게 체중을 줄일 수 있나요?

둘째, 한 번에 한 가지만 묻기

"사랑하는 사람을 찾으려면 어떤 일을 해야 하나요? 그리고 그 사람을 찾으면 어떻게 내 인생을 함께하며 살 수 있을까요?" 이 두 질문 각각은 좋은 질문이다. 문제는 두 개의 꿈배양 질문을 한 개의 질문에 모두 담았다는 것이다. 두 개의 질문을 하나로 만들면 꿈의 응답을 이해하기가 훨씬 더 어려워진다. 꿈의 어떤 부분이 첫 번째 질문에 대한 답인지 이해하느라 고생할 것이다.

"나의 속박적 신념에는 어떤 것들이 있을까요?" 같은 질문에도 겉으로 드러나지는 않지만 여러 개의 질문이 들어 있다. '어떤 것들', 곧 한 가지가 아니라 여러 가지 신념에 관해 묻고 있기 때문이다. 따라서 한 번에 한 가지 질문만 하는 것이 중요하다. "나를 속박하는 신념 가운데 한 가지는 어떤 것인가요?"라고 묻는다면 꿈은 당신이 갖고 있는 모든 속박적 신념 덩어리를 보여주는 대신 한 가지 신념만 집중적으로 보여줄 것이다. 그런 경우라면 퍼즐처럼 복잡한 꿈의 응답에서 원하는 대답을 찾아내기 위해 애쓸 필요가 없다.

속박적 신념을 묻는 것처럼 최대한 한 가지에 집중한 꿈질문을 만들어야 한다. 예를 들어 "지금 이 순간 나를 가장 주저하게 만드는 속박적 신념은 무엇입니까?"라고 정확하게 꿈에게 묻는다면 꿈 역시 정확하게 응답해줄 것이다.

셋째, 큰 질문은 작은 질문들로 쪼개기

살다 보면 너무 복잡하게 얽혀서 한 가지 방법만으로는 해결할 수 없는 문제들이 생긴다. 트라우마나 건강 문제로 고통받고 있거나 인생의 동반자를 찾고 있다면, 꿈에게 한 개 이상의 다양한 질문을 하고 응답을 여러 번 받아야 하기 때문에 꿈작업 과정이 길어진다. 복잡한 문제를 다룰 때는 문제를 현실적으로 파악하고 순서대로 꿈질문을 해야 한다. 다행히 거대한 삶의 문제도 꿈의 도움으로 쉽게 해결할 수 있으니 안심해도 좋다. 먼저 진단적 질문을 한 다음 여러 가지 처방적 질문을 해야 한다. 그리고 그 사이사이에 꿈에게 요청하는 방식으로 진행하는 것이 좋다. 나는 지금까지 꿈에 대한 수업을 하고 개인 꿈작업을 통해 만난 내담자들과 이야기를 나누며 오랜 시간 함께 중요한 문제를 해결해왔다. 그 중요한 인생의 문제는 건강 문제를 해결하거나 천직을 찾는 것에서부터 책을 쓰거나 예술 작품을 마무리하는 창조적인 작업에 이르기까지 다양하다.

넷째, 명확한 단어로 묻기

꿈은 당신의 질문에 대한 응답이기 때문에 어떤 단어를 사용해서 질문하는지가 무엇보다 중요하다. 유명한 자각몽 전문가인 웨거너는 《자각몽: 내적 자아로 가는 문 Lucid Dreaming: Gateway to the Inner Self》에서, 자각몽을 꾸는 상태에서도 정확한 단어로 질문하는 것이 중요하다고 말한다. 다음은 그의 책에 나오는 한 가지 예다. 그의 자각몽에 어떤 화가가 등장해서 '예술 art'을 찾아달라고 부탁했다. 그는 꿈속에서 화가의 부탁을 받고 그때부터 이 방 저 방을 돌아다니며 말 그대로 '예술'을 찾아다녔다. 첫 번째 요청에 오류가 있음을 깨달은 꿈속의 화가는 다시 한번 꿈에서 새로운 단어로 부탁했다. 그러고 나서야 자신이 원하던 대로 어떤 방에서 예술 '작품'을 감상할 수 있게 되었다고 한다.[2] 이처럼 효과적인 질문을 만들기 위해 명확한 단어를 선택하는 것은 매우 중요하다.

영국갤럽조사연구소^{British Gallup poll reaserchers}는 여론조사 질문을 만들 때 정확한 질문이 가장 중요하다고 말한다. 1986년 실시한 여론조사에 "국가가 핵무기를 보유하면 당신은 안전하다고 느낍니까?"라는 질문이 있었다. 40퍼센트의 응답자는 그렇다고 했고, 50퍼센트는 그렇지 않다고 응답했다. 나머지 10퍼센트는 무응답이었다.

그러자 영국갤럽조사연구소는 '안전하다고'라는 단어를 '더 안전하다고'라고 살짝 바꿔 다시 질문했다. 그 결과 50퍼센트의 응답자가 그렇다고 답했고, 36퍼센트의 응답자는 핵무기로 인해 덜 안전하다고 느낀다고 답했다. 이렇게 단어를 살짝만 바꿔도 응답의 결과가 뒤집히게 된다.[3]

다섯째, 꿈에게 이름 붙이기

꿈질문을 만들 때 반드시 해야 할 일은 당신의 꿈이나 꿈속의 인물을 어떻게 부를지 결정하는 것이다. 자신의 꿈배양 내용을 '꿈'이나 '신비로움', '하느님'에게 청원하는 사람들도 있고 신성, 위대한 영혼^{the Great Spirit}, 미지의 대상^{Unknown}에게 전하려는 사람도 있다. 고대 그리스와 로마 시대에는 많은 이들이 아스클레피오스에게 꿈배양 질문을 했다. 또 자신의 꿈에 방문하는 조상이나 영적 인도자, 동물의 형상을 한 인도자 같은 인물에게 꿈질문을 전한 경우도 많다. 반면 특정한 대상을 정해 놓지 않고 꿈질문을 하는 사람들도 있다. 이는 모두 개인의 선택에 달려 있다. 이 과정은 당신과 꿈의 근원이 맺고 있는 관계이기 때문에 자신이 생각할 때 가장 좋은 방법으로 진행하면 된다.

여섯째, 잘 만든 질문인지 확인하기

이제 질문을 모두 다 만들었다면 반드시 제대로 된 질문인지 다시 한번 확인해야 한다. 이를 위해 자신이 만든 꿈질문에 꿈이 어떻게 응답할지 미리 상상해볼 수 있다.

　예를 들어 "내가 이 직장에 계속 다닌다면 어떤 결과가 따르게 될까요?"라는 질문에 꿈은 과연 대답해줄 것인지 자신에게 먼저 물어보는 것이다. 이때 느끼는 지배적인 감정이나 경험의 기억으로부터 꿈이 전해줄 내용에 대한 실마리를 얻을 수 있다.

　실제 상황으로 예를 들어보자. 먼저 그 직장을 계속 다니는 것이 좋지 않은 선택이라고 상상해본다. 이 경우 꿈에서 자동차 사고를 당하는 등 부정적인 응답을 상상할 수 있다. 반면 높은 산 정상에서 탁 트인 전경을 감상하는 장면을 떠올린다면 그 경우는 긍정적인 결정을 암시한다고 볼 수 있다. 꿈의 응답을 상상하는 능력이 좋아질수록 꿈질문을 만드는 능력도 함께 좋아진다.

꿈의 응답을 전혀 상상할 수 없거나 그 응답이 너무 복잡하게 느껴진다면 꿈질문을 다시 만들어야 한다.

이미지 형성과 체화된 상상력

언어를 사용하지 않고 꿈질문을 만드는 두 가지 방법이 있다. 첫 번째는 이미지로 만드는 것이고 다른 하나는 체화된 상상력을 사용하는 것이다. 이 두 가지 방식에 대해 먼저 알아보자.

이미지 형성

지금까지 소개한 대부분의 사례에서는 단어를 사용해 문장 형식으로 꿈질문을 만들었다. "어떻게 하면 나 자신에게 더 관대해질 수 있을까요?" 같은 질문이다. 말이나 글로 적지 않고 질문을 상상하며 머릿속에 이미지를 만들어내는 방법도 있다.

나디아는 삼십 년 동안 결혼 생활을 하고 있지만 자신의 삶에 불만이 있다. 그녀는 남편과의 관계가 왜 이 지경에 이르게 되었는

지 알고 싶어 꿈에게 물어보기로 했다. 먼저 꿈에게 어떤 방법으로 물어야 할지 곰곰이 생각해보고 나서 다음과 같은 방법으로 실행에 옮겼다. 나디아는 결혼식 사진을 바라보았다. 그녀와 남편이 결혼반지를 낀 상태로 두 손을 꼭 잡고 있는 사진이다. 그리고 그녀는 그 사진 위쪽에 물음표가 떠 있는 이미지를 상상했다. 침대로 가기 전 그녀는 꿈의 근원에게 자신의 질문에 답해달라고 부탁했다. 그녀는 침대에 누워 그들이 맞잡았던 손과 결혼반지 그리고 그 위에 떠 있는 상상 속 물음표에 집중하며 몇 분 동안 명상했다. 자신의 문제에 대해 생각하다가 나디아는 이내 잠들었다.

 나디아는 다음과 같은 꿈을 꾸었다. "나는 여성들만 일하는 직장에 신입사원으로 들어갔어요. 직원들의 책상이 여러 줄 길게 배치되어 있고, 나도 다른 직원들과 함께 쓸 공간에서 내 책상을 배정받고 있어요. 1950년대 직장의 분위기예요. 그때 마침 근로계약서를 읽는데 내가 한 시간에 6달러를 받게 된다고 적혀 있네요. 그건 최저임금에도 못 미치는 금액이잖아요! 나는 관리자에게 면담을 신청합니다." 그녀의 꿈은 여기서 끝난다.

나디아와 남편은 서로의 꿈 이야기를 오랫동안 나누어왔다. 그날 아침에도 이 꿈의 내용을 남편에게 이야기해주었지만 남편과의 관계에 대한 꿈이라는 사실은 말하지 않았다. 남편은 꿈 이야기를 듣고 나서 그 여성이 직장에서 임금을 제대로 받지 못하는 부분을 지적했다. 그리고 이렇게 나디아에게 이렇게 물었다. "혹시 당신의 가치를 제대로 인정받지 못한다고 느끼는 부분이 있어?" 그녀는 그 질문에 곧바로 그렇다고 대답했다. 그리고 어떤 부분에서 그렇게 느끼는지 너무 잘 알고 있었다.

체화된 상상력

로버트 보스낙이 사용하는 체화된 상상력은 아주 효과적이지만 혼자 실행하기는 어려운 기법이다. 이 방법을 통해 여러분은 자신이 질문한 요소 하나하나를 몸으로 경험할 수 있다. 예를 들어 소설을 쓰다가 막히는 경우가 있다. 그럴 때는 먼저 자신이 쓰고 있던 원고의 빈 페이지를 바라보면서 그 감각을 기억한다. 그러고 나서 체화된 상상력 기법은 그 텅 빈 페이지로 들어가보라고 안내한다. 이는 텅 빈 페이지 그 자체를 경험해보기 위해서다. 이 두 가지 경험에서 얻은 감각을 일정 기간 유지하면 당신이 원하는 꿈배양 질문을 만들 수 있다. 더 자세한 설명은 '부록 1: 로버트 보스낙의 체화된 상상력을 이용한 꿈배양'에 나와 있다.

지금까지 꿈질문을 만드는 방법에 대해 알아보았다. 이제부터는 실제로 꿈질문을 하는 밤이 되었을 때, 좀 더 확실하게 꿈의 응답을 받을 수 있는 방법에 대해 이야기해보자.

10

꿈에게 질문하는 밤, 드림나이트

이제 당신은 질문의 주제가 현실적으로 살아 있다는 것을 확인했고, 문장을 잘 다듬어서 멋진 질문으로 만들었다. 그렇다면 다음 단계는 꿈과 이야기를 나누는 것이다. 드디어 꿈에게 묻는 밤, 드림나이트 Dream Night다. 긍정적인 꿈의 응답을 기대하면서도 의심을 거둘 수 없는 마음을 추스르며 꿈에게 질문하는 밤이 될 것이다. 그렇다면 이 중요한 순간에 당신이 꿈의 도움을 좀 더 '잘' 받기 위해 할 수 있는 일은 없을까?

미국 유타주 솔트레이크시티 밸리에 사는 메러디스는 드림나이트가 되자 꿈에게 질문하는 과정에서 자신만의 창의적인 방식을 사용했다. "나는 먼저 일기장에 어떤 상황에서 이 질문을 하는지를 적었어요. 그런 다음 내가 감사히 여기는 세 가지를 적었어요. 왜냐하면 저에겐 감사하는 마음이 이 과정에 도움을 주는 것 같거든요. 그리고 나서 일기장에 꿈질문을 적었고 내가 '신비한 꿈의 돌멩이'라고 부르며 갖고 있었던 수정 조각을 일기장에 올려놓았어요. 그리고 내 꿈질문에 대해서 생각하면서 그 수정 조각을 손에 쥔

채 침대에 누워 있다가, 수정 조각을 베개 밑에 넣어 놓고 꿈질문에 대해서 생각하다가 잠이 들었어요."

메러디스의 꿈질문 과정은 상당히 세련되었기 때문에 꿈으로부터 도움을 받을 가능성도 컸다. 이 부분이 이번 장에서 다루려는 내용이다. 메러디스가 꿈에게 질문할 때 사용했던 방식에서 핵심이 되는 두 단계는 다음과 같다.

첫째, 잠들기 전에 꿈질문을 반드시 적어 놓기
둘째, 자신만의 의식 행하기

꿈질문 적어 놓기

잠들기 전에 꿈질문을 반드시 적어 놓아야 한다. 사람들은 자신이 꿈에게 질문했던 내용을 쉽게 잊어버린다. 하지만 꿈의 응답을 받은 다음 꿈작업을 해야 하므로 먼저 그 질문을 기록해두어야 한다. 예를 들어 "지금 나의 인간관계에서 무슨 일이 일어나고 있나요?"라는 질문과 "나의 인간관계를 위해서 어떤 일을 할 수 있을까요?"라는 완전히 다른 두 질문 중에서 어떤 질문을 했는지 정확하게 기억하지 못하면 꿈이 어떤 질문에 응답한 것인지 판단할 수 없다. 첫 번째 질문에 대해서는 진단적인 꿈을 보여줄 것이고, 두 번째 질문에 대해서는 처방적 꿈을 보여줄 것이라고 예상할 수는 있다. 하지만 만약 당신이 무엇을 물어보았는지 정확히 기억할 수 없다면 꿈 작업의 효과를 장담할 수 없다.

 이 '반드시 적어 놓는' 과정은 나도 실수를 통해 교훈으로 깨달았다. 나는 몇 번이나 꿈에게 질문하기 전에, 이 질문은 정말 긴급한 것이어서 다음 날 아침에 잊어버리지 않을 거라고 확신했다. 하지만 그다음 날 멋진 꿈을 꾸고 잠에서 깨면 어김없이 내가 했던 꿈 질문을 정확히 기억하지 못했다. 중요한 질문이니까 당연히 다음 날까지 잘 기억하고 있을 거라고 생각한 나 자신이 한심했다. 이 문제는 나뿐만 아니라 대부분의 사람이 일반적으로 경험한다. 내가 상담하는 내담자들이나 꿈작업 그룹의 사람들도 꿈배양 질문의 문장을 정확히 기억해내는 데 나와 똑같은 어려움을 겪고 있었다.

 질문을 적어 놓으면 당면한 사안이나 문제가 개인적으로 중요하다는 신호를 꿈에게 보낼 수도 있다. 그 문제를 진심으로 해결하고 싶으며, 꿈의 응답을 받기 위해 노력하고 있다는 사실을 꿈에게 더 많이 알릴수록 꿈은 당신에게 더 많은 도움을 줄 수 있다.

자신만의 의식 행하기

진심으로 꿈이 보내준 응답에서 도움을 얻고 싶다면 그 간절함을 자신만의 의식을 통해 표현하는 것도 좋은 방법이다. 이 꿈을 위한 의식은 꿈과 꿈속 존재, 꿈꾸는 이와의 관계를 돈독히 하는 행위이며, 꿈과 영혼 그리고 신비로움을 당신의 삶으로 초대하는 방법이기도 하다.

선한 의도를 바탕으로 정신을 집중해서 좋은 결과를 얻게 될 것이라는 기대와 믿음을 갖고 긍정적인 감정, 영적인 것과 접촉하려는 의지를 갖추고 행한다면 그 어떤 방식도 개인의 꿈배양 의식이 될 수 있다.[1] 이 의식에 생명력이 있다면 영혼이 깃들 수 있다. 의식이 건조하고 지루하면 꿈과 영혼의 참여도 역시 낮아진다. 그리고 엄밀히 말해서 의식으로 인정받지 못한다. 만약 이런 상황이라면 의식의 행위들을 바꾸고 의식을 통해 다시 영감을 느낄 수 있어야 한다.

돈이라는 작가의 사례가 이에 해당된다. 그는 소설을 쓰나가 막혔을 때 드림나이트를 위한 의식으로 아무것도 쓰여 있지 않은 종이를 침대 옆에 두고 잤다고 한다. 그 페이지를 채울 수 있는 창의적이고 멋진 단어들을 보내달라고 꿈에게 부탁하는 것이다. 앞에서 소개했던 엘레나의 의식을 기억할 것이다. "나는 먼저 별을 바라보며 꿈이 내게로 와서 이해할 수 있는 꿈의 응답을 들려주게 해달라고 모르페우스에게 기도했습니다. 그러고 나서 자리에 누워 꿈질문을 여러 번 되뇌이며 편안하게 잠들었습니다." 그녀도 이렇게 의식을 치렀다.

제6장에서 나는 거대한 산에게 꿈질문을 한 적이 있다고 이야기했다. 나는 산에 가서 이곳저곳을 둘러본 후 마음에 드는 작은 암석 조각을 집으로 가져왔다. 나는 그 돌을 베개 밑에 넣은 채 잠들었는데, 그것이 나에게는 꿈배양 의식의 한 부분이었다.

다양한 방식으로 자신에게 맞는 의식을 통해 우리는 능동적으로 영적 세계와 관계를 맺을 수 있다. 그렇게 하기 위해 노력하고 그 세계에 관심을 표현하면서 그들에게 도움을 청하는 소통을 지속해야 한다. 다양한 영적 전통과 종교에서 꿈배양을 신성으로부터 도움을 받을 수 있는 한 가지 방법이라고 설명한다. 그리고 각각의 전통마다 질문하는 방식과 관련한 관습적인 의식이 있다.

꿈배양 의식을 행하는 힌두교의 관습에는 다른 꿈배양 문화와 부합하는 몇 가지 특징이 있다. 《찬도갸 우파니샤드》에서는 의식에 대해 다음과 같이 설명한다. "보름달이 뜨는 밤, 여러 가지 허브와 꿀 그리고 우유 커드^{curd}를 섞은 특별한 재료를 준비한다. 그리고 신들을 찬양하며 버터기름을 불에 붓고 나서 그 재료를 섞은 음료를 마신 다음 불 뒤로 가서 침묵을 지키며 각성된 상태로 바닥에 눕는다."[2] 이 의식은 먼저 특별한 음료를 만드는 행위와 제물을 바치고 희생하며, 신을 찬양하고 신에게 기도한 다음 특정 장소에서 잠드는 과정으로 이루어져 있다.

당신만의 특별한 드림나이트 의식을 만들기 위해 여러분은 꿈과 관련된 전통을 따를 수도 있고 자신만의 의식을 재창조할 수도 있다.

드림나이트, 자신만의 의식을 만들기 위한 비법 레시피

"어젯밤에 나는 꿈주머니를 만들었어요. 작은 면 주머니 안에 세이지 꽃과 비둘기의 깃털 그리고 내 꿈질문을 적은 종이를 넣었어요. 정원에 피어 있던 세이지 꽃은 달빛 아래에서 딴 것이고, 비둘기의 깃털은 햇빛을 받으며 선물처럼 공중에 떠 있던 것이에요. 꿈질문은 종이에 적어 보라색 실크 리본으로 묶었어요. 나는 꿈주머니를 베개 밑에 넣은 다음 나의 꿈질문에 대해 생각하면서 잠이 들 때까지 등을 대고 조용히 누워 있었어요."

　이것은 칼리가 드림나이트에 행했던 아름다운 의식이다. 칼리는 오랫동안 내 꿈작업 그룹에 참여하고 있는 고등학교 교사다. 그녀는 눈매가 부드럽고 인자하며 목소리가 온화하고 상상력이 풍부하다.

　칼리는 이 의식을 통해 꿈에게 자신의 인생으로 들어와달라고 간절히 요청하며 꿈의 응답을 기다리고 있다는 사실을 분명히 전달한다. 칼리는 자신의 상상력이 이끄는 대로 이 의식을 만들었다. 바로 이 '나만의 상상력'은 개인적으로 의식을 만들 때 반드시 필요하다. 상상의 세계로 빠져들어 그 세계가 어떻게 생겼는지 둘러보고, 훌륭한 의식을 만들기 위해 상상의 나래를 펼쳐보자. 진정한 노력의 결과로 얻어낸 '나만의 상상력'은 의심할 여지 없이 특별한 의식에 이르는 길로 이끌어줄 것이다.

마음에서 우러나오는 노력만큼 중요한 것은 없다. 눈에 보이지 않는 노력을 숫자로 환산할 수는 없지만 꿈은 그 진정성을 느낄 수 있다. 왜냐하면 그 노력을 통해 꿈에 대한 진정한 사랑이 드러나기 때문이다. 이런 노력은 다양한 방식으로 드러낼 수 있다. 예를 들어 시를 읽거나 꿈을 위해 독특한 물건을 만들어내는 것도 그 방식의 일부며, 꿈에게 기도하거나 명상하거나 초를 켜거나 제물을 바치는 일도 그런 노력이다. 진심으로 꿈을 위해 애쓴다면 더 효과적으로 호의적인 꿈의 응답을 받을 수 있는 상황을 좀 더 구체적으로 만들어낼 수 있을 것이다.

중대한 문제를 결정하기 위해 꿈에게 물어야 할 때도 있다. 이럴 때는 시간을 충분히 갖고 며칠 전부터 차근차근 준비하는 것도 좋다. 다시 말해 꿈 순례 기간을 늘리고 사원에 도착한 다음에는 시간을 더 들여 준비하는 것이다. 이 늘어난 시간만큼 꿈에게 기대하는 마음이 점점 커질 것이고, 자신의 진정한 마음을 꿈에게 보여주는 시간도 그만큼 길어진다. 이를 통해 꿈과 더 상하게 결속하고 꿈의 응답에서 도움을 받을 가능성도 높아질 것이다.

많은 영적 전통에서 꿈의 응답을 더 효과적으로 받기 위해 실행한 또 다른 방법이 있다. 바로 평소와 다른 장소에서 잠을 청하는 것이다. 이를 위해 사람들은 주로 신전이나 성인[聖人]의 무덤 또는 동굴이나 신성하게 여기는 장소를 찾았다. 그런 곳에서 잠을 청하는 것은 진정한 노력으로 볼 수 있다. 따라서 그런 특별한 장소에는 꿈과의 관계를 순조롭게 맺어주는 호의적인 에너지가 있을 가능성도 높다. 만약 당신에게 아주 중요한 질문이나 꿈에게 요청하고 싶은 것이 있고 운 좋게도 특별한 장소에서 잠을 청할 수 있는 여건이 된다면 꼭 한번 시도해보기를 권한다. 그렇게 실천하는 것만으로도 자신이 얼마나 진심으로 꿈에게 부탁하고 있는지 충분히 보여줄 수 있기 때문이다.

진실한 마음으로 자기 상상력이 이끄는 대로 따라가는 것이 성공적인 꿈배양 의식의 비법이다. 수많은 전통에서 다양한 사람들이 이런 의식을 치러왔고 이 의식의 비법 레시피를 만들기 위해 다양한 재료들을 사용해왔다.

드림나이트 성공을 위한 세 가지 재료

나는 꿈배양을 위한 의식을 치를 때 세 가지 재료가 필요하다는 사실을 깨달았고 그 재료들을 실제로 꿈배양 과정에 사용했다. 이 재료들은 내 꿈에 대한 꿈배양뿐만 아니라 나와 상담하는 내담자들과 꿈작업 그룹원의 의식 과정에도 다양하게 활용된다.

이 세 가지 재료를 사용하면 효과가 매우 좋기 때문에, 다양한 문화권의 영적 전통에서도 꿈배양 의식에 이 요소들을 사용해보라고 제안한다. 여러분도 이 재료를 잘 사용해 만족스러운 결과물을 멋지게 요리해내기 바란다. 그 세 가지 재료는 다음과 같다.

첫째, 상징적인 의식을 만든다.
둘째, 자신의 상황을 꿈에게 설명하고 제물이나 희생물을 바친다.
셋째, 잠들기 전 명상한다.

상징적인 의식 만들기

당신은 특정 질문이나 어려운 문제에 대한 꿈질문을 하기 위해 특정 의식을 만들어낼 수 있다. 이때 꿈질문을 상징적으로 나타내는 표현이라면 어떤 것이든 꿈과 소통할 수 있는 훌륭한 방법이 된다. 글을 쓰다가 막혔을 때 아무것도 적혀 있지 않은 종이를 상징적으로 꿈에게 보여주었던 돈을 떠올려보자. 이혼한 뒤 십 년 동안 연인을 찾던 브라질 여성 안드레사는 자신의 애정 문제를 상징적으로 표현하기 위해 아름다운 하트를 그리기도 했다. 날카로운 눈매를 지닌 마크는 천부적 재능을 지닌 세심한 치료사다. 그는 자신의 재정 상태 때문에 항상 스트레스를 받는 성격이라서, 자신을 찾는 내담자의 수가 많든 적든 상관없이 베개 밑에 동전을 넣고 돈과 관련된 질문을 했다. 이 모든 사례는 상징적이고 특징적이며 개인의 질문과 관련된 의식이다. 여러분도 충분한 상상력을 바탕으로 자신의 꿈질문과 의미 있게 연결되는 특별한 방법을 만들어보기 바란다.

자신의 상황을 설명하고 제물 바치기

자신이 처한 상황을 자세히 설명하면서 자신의 진심을 전달하는 것은 큰 도움이 된다. 그 대답이 왜 중요한지 꿈에게 말해보자. 꿈의 응답이 자신과 주변인들을 어떻게 도울 수 있는지도 설명해보자. 꿈의 대답을 통해 자신이 어떻게 더 너그럽고 친절한 사람이 될 수 있을지, 자신의 재능으로 다른 사람을 도우면서 어떻게 더 만족스러운 삶을 만들 수 있을지 꿈에게 알려줘야 한다.

이는 비굴하게 요청하는 것이 아니라 '자신의 상황을 꿈에게 논리적으로 설명하는 것'이다. 자신감과 에너지를 갖고 가급적 큰 소리로 자신의 상황을 자세히 설명한다. 그렇게 설명하는 동안 꿈에게 제물을 바치는 의식을 치를 수 있다. 예를 들어 촛불을 밝히거나 신에게 술을 바치듯 물을 따라서 올리는 행위 등이 이에 해당된다.

또한 꿈의 응답으로 도움을 받는다면 무엇을 할 것인지 꿈에게 설명해야 한다. 식단 문제에 대해 꿈에게 도움을 요청했던 한 여성이 있었다. 그녀는 만약 자신이 꿈의 응답으로 도움을 받게 되면 집이 없는 사람들에게 건강한 저녁 식사를 대접하겠다고 했다.

융플랫폼에서 제공하는 보스낙의 〈창조적인 게니우스를 삶으로 초대하기Inviting Creative Genius into your Life〉**3**라는 온라인 강의에서는 꿈 배양 과정을 공동으로 작업했던 시기에 있었던 일을 설명한다. 그가 함께 꿈배양 작업을 했던 한 여성은, 만약 자신이 꿈의 도움을 받는다면 수천 개의 신발을 인도의 한 마을에 기부하겠다고 맹세했다. 이는 신발을 신지 않아서 특정 질병의 증상이 심해지고 그 때문에 괴로움을 겪고 있던 사람들을 돕기 위한 약속이었다.

아스클레피오스 전통에도 제물과 관련된 것이 있다. 그 신전을 찾은 환자가 곧바로 병이 낫거나 언젠가 건강을 회복하면 그 사람은 감사의 마음을 표현하는 제물을 바치고 자신이 했던 맹세도 반드시 지켜야 했다. 아스클레피오스에게 감사의 제물을 바치기 위해 동물을 희생할 필요는 없었다. 자신의 소망이 이루어진 것에 대한 보답으로 신에게 무엇이든 바칠 수 있었기 때문이다. 신전에 돈을 바치거나 향을 피우거나, 월계수나 올리브나무의 새순, 참나무잎을 바치기도 했고 노래를 부르거나 구리 반지를 바치고 초를 켜기도 했다.[4]

아스클레피오스가 화려하거나 값비싼 공물에 관심이 있었던 것 같지는 않다. 그는 사람들이 그에게 감사한 마음으로 그들의 약속을 지키는 것을 중요하게 여겼다. 꿈이 자신과 관계를 맺고 함께 해주는 것에 감사한다면 당신은 꿈과의 관계를 계속 이어갈 수 있다. 당신이 꿈에게 질문하고 꿈은 그 질문에 답하면 당신은 감사함을 표현한다. 이 과정은 꿈과 나누는 대화다. 또한 하룻밤 사이에 악몽을 경험하는 것과는 비교할 수 없는 상호관계를 확장하는 것이다. 이렇듯 꿈배양은 한 번으로 끝나는 일회성 관계가 아니라 꿈과 지속적으로 대화하면서 만들어가는, 색색의 실로 수놓은 거대한 태피스트리^{tapestry}의 일부다.

잠들기 전 명상하기

잠들기 전 침대에 누워 당신의 꿈질문에 대해 잠시 명상해보자. 이 과정은 명확하게 응답해주는 꿈을 불러오는 데 도움이 된다. 불교 전통에서는 잠들기 전의 감정과 정신 상태가 그날 밤 꿈으로 연결된다고 믿는다. 그래서 대부분의 불자들은 잠들기 전에 자기 연민 self-compassion 명상*을 한다. 그러면 그 자기 연민의 상태가 밤 동안 지속된다고 믿는다.

　호기심 많고 활동적인 무용 선생인 아멜리아는 말하는 동안에도 계속 움직일 정도로 가만히 있지 않는다. 한 상담 과정에서 그녀는 잠들기 직전에 짧은 이야기를 읽었다고 했다. 소설의 마지막 두 페이지를 남겨 놓고 잠이 들었는데, 꿈속에서 그녀는 그 이야기의 주요 인물이었다. 그녀는 이야기를 이어가며 결말이 날 때까지 꿈을 꾸었다. 다음 날 잠에서 깬 후에도 꿈속에서 경험한 흥미진진한 모험과 이야기의 결말을 모두 기억할 수 있었다. 그녀는 그 책의 후반부도 읽어보았는데 자신의 꿈에 나온 결말이 훨씬 더 재밌었다고 했다.

---

* 　마음챙김에 기반해 자기 비난 대신 자신에게 친절하고 공감하는 마음을 갖는 명상 기법

꿈에게 질문하는 드림나이트에는 침대에 누워 꿈질문에 대해 몇 분 정도 생각하면서 심신을 안정시키는 것이 도움된다. 이렇게 명상하는 데는 몇 가지 방법이 있다. 만트라^{mantra}*를 외우듯이 몇 분 동안 같은 질문을 반복해도 되지만, 자신의 질문을 심리적인 이미지로 만들어볼 수도 있다. 예를 들어 집을 사고 싶다면 원하는 집의 모습을 상상한다. 그 질문이 몸으로 느껴지고 질문과 관련된 몸의 부위에서 감각이 느껴질 것이다. 그 감각을 피하지 말고 계속 느껴야 한다. 그 순간 당신과 당신의 질문에 꼭 들어맞는 명상을 하고 있다면 더할 나위 없이 훌륭하게 꿈배양 의식을 치르는 것이다.

드림나이트

드디어 드림나이트다. 꿈에게 질문하는 밤이 찾아오고 당신의 마음은 기대감과 흥분으로 가득 찰 것이다. 앞에서 설명했던 꿈질문을 하는 간단한 두 단계의 과정을 기억해보자. 첫째, 잠들기 전 꿈질문을 반드시 적어 놓는다. 둘째, 비법 레시피에 따라 멋진 꿈배

* 불교나 힌두교에서 기도를 드리거나 명상을 할 때 외우는 주문 또는 주술

양 의식을 만든다. 꿈에게 묻는 이 모든 과정에 즐거움이 함께하기를 바란다!

11
잠, 꿈, 기록

알람 시계가 울린다. 제럴드는 잠에서 덜 깬 상태로 오른손을 뻗어 침대 옆 테이블 위 책더미에 놓인 휴대폰을 단번에 집어 알람을 끈다. 왼손으로 자신의 곱슬머리를 쓸어올리며 기지개를 켜는 순간 전날 밤 자신이 꿈에게 했던 질문이 떠올랐다. 간밤에 무슨 꿈을 꾸었는지 기억해내려고 애써 보지만 아무것도 떠오르지 않는다. 다시 눈을 감고 좀 전에 잠에서 깼을 때 자세 그대로 침대에 누워본다. "아, 이런 부분이 있었는데." 제럴드는 꿈의 단편 하나를 발견하고, 그 한 조각 꿈의 기억으로 어떻게든 꿈의 내용을 짜 맞추려고 노력한다. 그러자 이내 꿈의 또 다른 단편이 떠오른다. 그리고 마침내 꿈의 전체 내용이 퍼즐처럼 맞춰지고 온전하게 기억난다. 제럴드는 그 꿈 내용을 다시는 잊지 않으려고 여러 번 반복해서 자신의 기억 속에 저장한다. 제럴드는 극도로 내향적인 남성으로 언제나 영적 세계와 꿈에 대해 매력을 느껴왔다. 어린 시절부터 꿈 일기를 적고 있는데, 그는 항상 잠에서 깬 직후 침대에 앉아서 꿈을 기록한다.

아름답게 꿈질문을 만들고 준비한 꿈배양 의식도 치렀다면 이제 자신의 꿈을 기억해서 갈무리해야 한다. 당연히 꿈배양에서 중요한 부분이기 때문에 제럴드가 했던 것처럼 잠에서 깨어나자마자 꿈을 기록하는 것이 좋다. 밤에는 단기기억short-term memory이 활성화되지 않아서 자는 동안 꾸었던 꿈의 내용을 대부분 기억하기 어렵다. 또 아침이 되면 단기기억은 매우 천천히 깨어나기 때문에 간밤에 꾸었던 꿈을 기억하고 저장하기가 더욱 쉽지 않다.

간밤에 꾼 꿈을 생각하면서 시간이 흘러도 지금처럼 생생하게 기억할 수 있다고 확신했지만, 십 분도 지나지 않아 그 꿈의 내용이 기억에서 감쪽같이 사라져버리는 경험을 대부분 했을 것이다. 나는 정말 오랫동안 꿈을 기록해왔고 꿈이 시간이 지나면 기억에서 연기처럼 사라진다는 사실도 아주 잘 알고 있다. 그런 나조차도 꿈 내용을 나중에 기록하고 싶은 유혹에 빠진다. 그러면 또 당연히 우리는 간밤에 찾아왔던 꿈과 꿈배양 질문에 대한 응답을 영영 알 수 없게 된다. 정말 불행한 일이다.

제럴드는 언제나 꿈을 기록하기 위해 특별한 꿈 일기장과 펜을 쓰고 있다. 이런 방식으로도 꿈에게 당신이 꿈과의 관계를 진지하게 여기고 있음을 알릴 수 있다. 꿈에게 진심을 알려주는 것은 매우 중요하기 때문에 정성스럽게 꿈을 기록하기 위해 노력해야 한

다. 제럴드는 언제나 꿈을 신성한 경험이면서 자신의 인생에 큰 도움을 주는 존재로 여겨왔다. 그래서 그는 꿈에게 자신이 이 관계를 얼마나 감사히 여기는지 확실히 알려주고 싶어 한다. 제럴드는 그의 꿈 일기장 첫 페이지에 꿈에게 보내는 메시지를 적어 놓았다. 자신이 얼마나 꿈 같은 삶을 살고 싶은지, 꿈의 응답을 받아서 세상에 어떻게 기여하고 싶은지를 적었다. 꿈에게 자신을 도와달라고 부탁하는 글도 겸손하게 써 놓았다.

자신의 꿈을 휴대폰으로 녹음하는 사람들도 있다. 어떤 방식으로든 꿈은 반드시 기록해야 한다. 이중 극소수의 사람들만이 녹음한 메시지를 다시 종이에 기록한다. 만약 꿈의 내용을 디지털 방식으로 기록하고 싶다면 나중에 꿈 일기장에 다시 적어 놓기를 바란다.

제럴드는 지금 침대에 앉아 있고, 현재 시제로 꿈의 내용을 사건 위주로 적는다. 그런 다음 기록한 내용의 맨 앞부분으로 돌아가 자신이 경험한 것과 느낀 것들을 덧붙인다. "나는 지금 섬의 해변에 서 있다. 나를 육지로 다시 데려다줄 보트를 기다리는 중이다. 휴가를 보내고 있었는데 이제 집에 다시 돌아갈 시간이 됐다는 것을 깨닫는다."

제럴드의 꿈 기록에서는 생동감과 즉시성을 느낄 수 있다. 현재 시제로 기록했기 때문이다. 이런 이유로 지금도 꿈을 경험하고 있는 것처럼 꿈을 기록하고 그 안에서 경험하는 것도 현재 시제로 묘사해야 한다. 꿈속에서 일어난 일을 쭉 적으면서 그 사이사이에 감정과 경험을 추가한다. 이 마지막 부분이 매우 중요하다. 너무나 많은 사람이 꿈속에서 경험한 내용을 객관적으로 기록하는 데 급급한 나머지, 그 경험을 통해 자신이 느낀 것을 기록하지 못한다. 당신에게 필요한 답은 대부분 꿈속의 감정에 들어 있는데도 말이다.

이렇게 하다 보면 꿈속에서 경험한 장면들이 더 생생하게 떠오르고 그때 느꼈던 감정이 더욱 절실하게 살아날 것이다. 그러면 당신은 꿈에서 일어나고 있는 상황을 더 잘 이해할 수 있게 되고 꿈속으로 다시 들어가볼 수도 있다.*

　제럴드는 여전히 잠에 빠져 있는 아내 캐런을 쳐다본다. 지난 십 년 동안 함께 해왔고 그녀는 여전히 매력적이다. 감고 있는 캐런의 눈에서 눈동자가 좌우로 빠르게 움직인다. 그녀가 지금 렘수면 rapid eye movement, REM 상태라는 뜻이다. 캐런이 몸을 뒤척인다. 인상 깊은 꿈을 꾸고 있는지도 모른다.

　지금부터 한 시간 정도 지나면 캐런 역시 잠에서 깨어나 조금 전 제럴드처럼 간밤의 꿈을 기억해내며 꿈 일기를 쓸 것이다. 이 두 사람은 꿈의 메시지를 들여다보는 것을 사랑하고, 간밤에 경험한 꿈속의 모험담에 대해 이야기를 나누며 강한 친밀감을 느낀다. 제럴드는 캐런이 잠시 후 자기에게 전화해서 꿈에 관해 이것저것 물어볼 것이라는 생각만 해도 저절로 미소를 짓게 된다.

　몇 년 전 캐런과 제럴드가 처음 만났을 때 그녀는 이 정도로 활발하게 꿈 생활을 하지는 않았다. 사실 그녀는 자신의 꿈을 전혀 기억하지 못했다. 어린 시절에 꾸었던 악몽은 생생히 기억하지만 최근 몇 년 동안에는 그 어떤 꿈도 기억나지 않는다고 했다. 그녀는 심지어 자기가 꿈꾸기를 멈춘 것일 수도 있다고 생각하게 되었다. 하

---

* 융심리학에서 사용하는 적극적 명상 Active Imagination이 바로 이런 방식으로 이루어진다.

지만 제럴드가 보여주는 꿈에 대한 지속적인 열정 덕분에 캐런도 꿈에 관심을 갖게 되었고, 다시 꿈을 꿀 수 있을지 궁금해졌다. 제럴드는 캐런을 안심시키며 말했다. "모든 사람이 하룻밤에 몇 시간씩 꿈을 꾸기 때문에, 그 꿈을 다시 떠올리는 방법은 간단해. 쉽게 말해서 꿈 일기장과 펜을 침대 옆에 두고 잠에서 깨자마자 기억나는 모든 것을 적는 거야, 기억나는 모든 걸."

제럴드의 설명은 실제로 입증된 방식이다. 꿈배양 과정에 참여하는 기간이 길어지고 횟수가 늘어날수록 꿈을 기억해내는 능력도 향상된다. 만약 당신이 첫 번째 드림나이트에 꾼 꿈을 기억하지 못해도 괜찮다. 그런 경우 잠에서 깼을 때 느꼈던 감정과 그 감정을 느낀 몸의 부위를 적어 놓으면 큰 도움이 된다. 그러면 그 감정이 저절로 당신에게 정보를 주는 셈이 되고, 이를 통해 다음 날 밤의 꿈을 더 잘 기억할 수 있게 된다. 이 과정을 계속해서 반복하다 보면 며칠 지나지 않아서 꿈을 꾸고 기억하게 된다.

제럴드가 집을 나선 뒤 한 시간이 지나고 나서야 캐런은 잠에서 깼다. 충분히 오랫동안 잤지만 캐런은 잠에서 깬 뒤에도 십 분 정도 완전히 깨어나기 힘들어한다. 그녀는 지난 밤에 강렬한 꿈을 여러 번 꾸었다. 새벽에 자다가 일어났는데 그때 두 개의 꿈을 기억했다. 그리고 지금은 그 밖에도 네 개의 꿈이 기억난다.

꿈을 너무 많이 꾸어서 그 꿈을 어떻게 해석해야 할지 모르겠다고 말하는 사람도 있다. 만약 당신이 이런 상황에서 모든 꿈을 적어 놓을 시간과 에너지가 충분하지 않다면, 첫 번째로 꾼 꿈만 적어 놓고 그 꿈을 꿈배양 질문에 대한 응답으로 받아들일 수 있다. 여기서 첫 번째 꿈 대신 처음에 꾼 세 개의 꿈을 적어둘 수도 있다. 이런 방식으로 당신은 꿈과 관계를 맺으면서 꿈과 합의점을 찾을 수 있다. 다시 한번 말하지만 이 꿈배양 과정은 여러분이 꿈과 맺는 개인적인 관계다.

자다가 한밤중에 일어나서 꿈을 기록해야 하는지 물어보는 사람도 있다. 이는 사람에 따라 다르다. 만약에 너무 강렬한 꿈이 아니라면 아침에 온전히 깨어난 상태에서 꿈을 기록하는 것이 낫다. 만약 불을 켜고 일어나 자신을 진정시켜야 할 정도의 꿈이라면 바로 꿈을 기록한다.

신체·정신 건강에 중요한 숙면

십 년 전 캐런과 제럴드가 만났을 때 두 사람 모두 너무나 많은 일에 열중하고 있었다. 그들은 인생의 모든 면에서 월등한 사람이 되고 싶었다. 주변 사람들과 좋은 관계를 유지하고, 직장에서 독보적인 지위를 지키며, 취미 생활을 할 때도 자신들의 재능을 과시하고 싶어 했다. 그래서 그들은 잠자는 시간을 줄이기로 했다. 하지만 그들의 관계에서 모든 것이 달콤하게만 보이던 허니문 기간이 끝날 때쯤 캐런은 알게 되었다. 제럴드의 감정 변화가 너무 심하다는 것과 자신이 이전만큼 어떤 일에 충분히 집중할 수 없다는 사실을 말이다.

그뿐만 아니라 자신이 이전만큼 새로운 것을 빨리 배우지 못한다는 것도 깨달았다. 감정 변화, 집중력 저하, 정보 습득의 어려움은 수면이 부족하다는 것을 의미하는 세 가지 증상이다. 캐런과 제럴드는 이에 대해 이야기를 나누고 수면 부족이 정신적·신체적 건강에 미치는 영향에 대해서 알아보았다. 그리고 수면 부족이 감정 변화와 집중력 부족뿐만 아니라 면역체계와 대사 체계에도 나쁜 영향을 끼친다는 사실을 알게 되었다. 수면에 관한 연구에서도 사람들이 조금씩 잠을 줄이면 건강에 좋지 않다는 사실이 밝혀졌다. 잠이 부족한 사람들은 더 일찍 사망하는 경향을 보인다. 이런 사실들을 토대로 충분한 숙면의 긍정적 결과를 다음과 같이 정리할 수 있다. 건강해지고 면역체계가 최적화된 상태로 기능하며 더 나은 체형을 유지하고 더 오래 살며 두뇌 회전이 더 빨라지고 새로운 기술을 더 빨리 배우게 될 것이다. 곧 전반적으로 더 큰 회복력과 행복함을 느낄 수 있다.

꿈에게 질문하는 것은 단순한 일회성 의사소통이 아니라 꿈과 지속적으로 나누는 대화다. 꿈질문을 만들고 꿈과 연결되는 의식을 치른다. 그러면 꿈이 응답하고 당신은 그 꿈 내용을 기록하면서 꿈에게 반응한다. 그러고 나서 꿈 내용을 분석하는 작업을 시작하면 과연 당신이 기대하던 답을 받은 것인지 마침내 확인할 수 있다.

12

꿈작업과 배양된 꿈

"정말로 꿈의 응답을 받았어요! 이번엔 받았어요!" 테럴의 딸 이마니가 큰 소리로 외치면서 부엌으로 뛰어 들어왔다. 들어오면서 제 발에 걸려 넘어질 뻔했다. 최근 열다섯 살이 된 딸아이는 훌쩍 커서 이제 아이티를 벗긴 했지만, 또래 아이들처럼 행동거지는 어설펐다. 아침 식사를 하려고 이미 식탁 앞에 앉아 있던 나머지 식구들의 눈빛이 기대감으로 가득 찼다.

그 전날 밤 테럴의 가족은 각자의 꿈에게 도움을 청하기로 하고 잠자리에 들었다. 그리고 다음 날 아침 테럴이 식탁에서 이제 막 간밤의 꿈 기록을 마무리하고 있을 때 이마니가 뛰어 들어온 것이다. 해나도 이미 침대에서 꿈을 기록했다. 하지만 토미는 약간 실망한 상태였다. 전날 밤에 꾼 꿈이 전혀 기억나지 않았기 때문이다.

해나는 오랫동안 꿈작업 그룹에 참가하면서 꿈배양 기법에 대해서 알게 되었다. 그녀는 꿈의 도움을 받아 원하는 바를 이루었고, 이런 경험들을 계기로 가족들과 함께 꿈작업을 시작했다. 아침마다 가족과 꿈 이야기를 나누면서 가족의 사이는 이전보다 훨씬 더 친밀해졌고, 해나는 그런 눈에 띄는 변화를 즐겼다.

지난 밤 테럴의 가족은 모두 각자 인생에서 궁금한 점을 꿈에게 물어보았다. 테럴은 몇 달 동안 사라지지 않는 손의 통증과 그 통증 때문에 찾아간 의사에 대해 꿈에게 물었다. 대체의학으로 치료하는 의사였는데, 치료 부위 근육 검사를 하고 나서 돌아오는 길에 엄청난 양의 자연요법 약을 사야 했다. 테럴은 사실 그 치료방식에 회의적이었기 때문에, 그 의사에게 계속 치료를 받아야 할지 꿈에게 묻고 싶었다. 그래서 전날 밤 예측적 질문으로 꿈에게 물었다.

해나는 이전부터 시험삼아 여러 가지 꿈질문을 묻고 있다. 그런데 전날 밤 그녀가 살아 있다고 느낀 꿈질문은 바로 자신의 식생활에 대한 것이었다. "꿈에게 묻습니다. 내가 규칙적으로 먹어야 할 음식은 무엇일까요?" 그녀는 꿈에게 이렇게 물었다. 이마니는 엄마와 함께 자신이 가장 감정직으로 압박을 느끼는 부분에 대한 꿈질문을 만들었다. 마침내 해나와 이마니는 어제 진단적 꿈질문을 만들어냈다. 이마니는 꿈에게 "지금 나를 앞으로 나아가지 못하게 하는 가장 강력한 속박석 신념은 무엇인가요?"라고 물었다.

스물세 살인 토미는 이제 막 대학을 졸업했고 지금은 자신에게 맞는 직업을 어떻게 찾을 수 있는지 묻기로 했다.

이제 테럴의 가족 모두가 식탁에 앉았고 각자 자신의 꿈에 대해 가족과 함께 작업할 준비가 끝났다. 배양된 꿈에 대해서는 어떻게 작업하는 걸까? 지금부터 테럴과 해나, 이마니의 꿈에 어떤 흥미롭고 놀라운 꿈의 응답들이 들어 있는지 살펴볼 것이다. 그 과정에서 그들이 꿈으로 어떻게 작업하는지도 알게 될 것이다. 애석하게도 꿈의 응답을 받지 못한 토미와 같은 경우라면 어떻게 해야 하는지도 알아보자.

 꿈작업에 앞서 배양된 꿈에 대해 작업하기 위한 네 가지 가이드라인을 설명하겠다. 이 설명을 듣고 나면 꿈 자체만으로 작업할 수 있는 꿈작업 레시피를 얻을 수 있을 것이다.

 할리우드에 있는 한 카페에서 테럴을 만났던 때가 생각난다. 마침 낮에 로스앤젤레스에서 강연이 있어서 이곳에 들렀다. 눈앞에 진열된 다양한 케이크에 눈길이 갔지만 나는 유혹을 참고 루이보스차를 주문했다. 야자나무에 둘러싸인 이곳에서 온화하고 건조한 기후를 만끽하며 따뜻한 햇살 속에 앉아 있자니 자연의 초록에 파묻힌 기분이었다. 테럴과 나는 야외 테라스에 앉기로 했다. 테럴은 단호하고 예민하다. 그는 로스앤젤레스에서도 분위기가 험악한 동네에서 자랐다. 어머니 혼자 그를 키웠고 그는 입대할 수 있는 나이가 되자마자 육군에 입대했다. 제대하고 나서 해나를 만나 사랑에 빠졌다. 그리고 지금까지 이십오 년째 결혼 생활을 하고 있다. 현재 테럴은 첨단 기술 회사의 임원이다. 그는 자기 자신의 몸과 마음도 최신 상태로 유지하기 위해 애쓰는데, 테럴이 꿈에게 도움을 받고 싶은 부분은 바로 이 지점이다.

테럴은 새로운 것을 인생에 들이기 전에 먼저 스스로 확인해본다. 그는 최근 꿈분석 책을 읽고 있는데, 그중 많은 내용이 서로 모순되는 것 같다고 생각했다. 그는 머리를 가로저으며 이렇게 말했다. "어떤 문화권에서는 뱀이 치유의 상징이라고 하고 다른 문화에서는 유혹과 사악함의 상징이라고 해요. 혼란스러워요."

테럴이 말한 것은 사실이다. 꿈과 관련해서는 일반적인 이론을 만들 수 없다.[1] 또한 고정된 하나의 의미를 꿈 이미지에 부여할 수도 없다. 각각의 문화는 그 전통에 따라 특정한 상징을 다른 문화와는 다르게 해석한다. 그래서 모든 해석에 가치가 있다. 하지만 해석의 가능성이 너무 많으면 혼란스러울 수밖에 없다. 개인적인 수준에서도 사람들은 같은 꿈 이미지와 각각 다르게 관계를 맺는다. 예를 들어 두 사람이 말에 대한 꿈을 꾼다고 하자. 한 명은 말과 항상 긍정적인 경험을 해왔다. 말들과 함께 자랐기 때문에 그 사람에게 말은 사랑과 안락함을 의미할 수 있다. 하지만 말을 타다 다친 경험이 있는 사람이라면 말을 무서워하는 것이 당연하다. 꿈은 개인의 특별한 마음 상태와 독특한 인생 경험이 만들어내는 창조물이다. 꿈에 나오는 등장인물 가운데 일부는 해석하기 어렵다.[2] 꿈 속 그 인물과 관련한 추상적인 개념을 만들거나 현실적인 의미로 해석하려는 시도 때문에 꿈속 그 인물의 현실성이 없어진다고 생각될 때 특히 그렇다. 꿈속의 인물들은 언제나 당신과 연결된 상태로 당신의 문제를 함께 해결하면서 계속 끈끈한 관계를 이어가기를 바라기 때문이다.

꿈을 해석하는 꿈 상징 사전 같은 책들의 한계는 명확하다. 융은 "꿈을 분석하는 기술은 책으로 배울 수 없다. 기법과 규칙은 그것 없이도 우리가 잘 해낼 때만 유용하다"라고 설명했다.* 이제 꿈 배양을 통해 꿈응답을 받은 당신에게 그 꿈을 분석하기 위한 네 가지 가이드라인과 꿈작업을 위한 레시피를 설명할 것이다. 지금부터 꿈이 제안한 것을 실행하고 즐기고 그 내용에 귀 기울이면서 이 기법을 자신의 인생에서 시도해보기 바란다. 분명 자신만의 꿈작업 기술을 만들어낼 수 있을 것이다.

---

* 카를 구스타프 융 지음, 김세영 · 정명진 옮김, 《칼 융 RED BOOK》, 부글북스, 2020

꿈작업을 위한 네 가지 가이드라인

첫째, 꿈을 친구나 현명한 상담가로 대하기

꿈에게 질문할 때는 친절하고 창의적이며 지적인 사람에게 질문하고 있다고 생각해야 한다. 그 비범한 인물은 당신의 상황을 포괄적으로 이해하며 당신에 대해 친밀하게 알고 있기 때문에 매우 큰 치유의 힘을 줄 수 있다. 그리고 무엇보다 이 존재는 당신을 도와주고 새로운 사실을 알려주려고 한다.[3]

    융은 말했다. "내담자는 모두 이백만 살 먹은 노인에게 문제에 대해 호소한다. 그 노인은 우리 모두의 내면에 있는 존재다. 본능과 단절되고, 오랫동안 내면에 깃들어 있던 지혜를 망각한다면 마지막 상담을 할 때까지도 문제의 대부분이 해결되지 않는다. 그렇다면 우리의 내면 어디에서 이 노인과 접촉할 수 있을까? 바로 꿈속에서다."[4] '이백만 살 먹은 노인'과 쌓아온 우정과 그를 존중하는 마음으로 두 번째 가이드라인을 따라주기 바란다.

둘째, 모든 꿈의 응답을 정답이라고 생각하기

배양된 꿈들을 살펴보면 놀랄 정도로 많은 꿈들이 명확하고 이해하기 쉽다. 하지만 이해할 수 없는 꿈을 만났다면 어떻게 해야 할까? 이런 경우에는 대부분 자신이 질문한 것과 아무 상관 없는 꿈이라고 생각해버린다. 그리고 그런 꿈을 응답으로 받고 나면 꿈배양 과정 자체를 의심하기도 한다.

일상적인 사고방식으로는 이해할 수 없는 꿈들이 있다. 꿈작업가인 보스낙은 배양된 꿈의 정보가 꿈꾼 이에게 낯선 내용이라면 그 꿈을 자신에게 가치 있는 것으로 생각하지 못한다고 설명한다. 자아가 새로운 정보를 두려운 대상으로 받아들이는 경우도 있기 때문이다. 꿈작업 그룹에 참가하는 제프리는 책을 쓰다가, 꿈에게 '책의 영혼 만나기'를 요청한 적이 있었다. 그런데 그가 꿈에서 본 것은 거대한 불덩어리였다. 두려움을 느낄 정도로 강렬한 이미지였다. 마치 그 불덩어리가 모든 것을 태워버리고 결국 자신을 홀로 남겨둘 것 같은 불안한 느낌도 들었다. 제프리의 꿈을 체화된 상상력 기법으로 분석해보았는데, 그는 그 과정에서 불덩어리를 경험했다. 제프리는 먼저 그 불덩어리 안으로 들어가 감각적으로 느끼고, 그다음으로 하늘에서 내려다보는 새의 시선으로 그 불덩어리를 내려다보았다. 그 과정을 통해 제프리는 그 불덩어리가 본능적 지능_{instinctive intelligence}이라고 직감했다. 그러자 그 불덩어리는 힘과 추진력으로 가득한 용맹한 존재로 보이기 시작했다. 그리고 동시에 매우 똑똑한 지적 존재라고 느껴졌다. 그것은 마치 열기를 내

뿜으며 책으로 변신하려는 지식의 힘 같았고, 작가를 도와 책을 세상에 과감히 선보이려는 저력처럼 느껴지기도 했다. 제프리가 꿈에서 극도의 두려움을 느낄 정도로 과도한 힘을 휘두르는 존재로 보았던 것은 사실 꿈에 나타나서 자신을 돕는 새로운 형태의 지능임이 확실했다.

몇몇 내담자나 워크숍 참가자들이 처음에는 전혀 말이 안 됐던 꿈에 대해 이야기한다. 하지만 꿈작업을 하면서 일단 꿈을 기록하기 시작하자 한결같이 꿈의 내용을 이해할 수 있다고 말한다. 꿈이 헷갈리거나 아무 의미 없다고 생각했어도, 그날 오후 정도가 되면 꿈의 의미가 점점 분명해진다고도 한다.

몇 년 전 유타주에서 나는 배양된 꿈을 꾸었다. 사실 그 꿈의 의미를 처음에는 이해하지 못했다. 그즈음에 나는 아이다호에 있는 라바 핫 스프링스 Lava Hot Springs에 방문했다. 유타주 경계에 있으며, 예전에 미국 원주민들이 신성하게 여긴 곳이다. 원주민들은 그 온천지를 찾아가 목욕하고 치유의 물을 주신 위대한 영혼을 기리는 제사를 올렸다. 오늘날 이 온천지는 그저 쾌석한 관광시일 뿐이며, 특히 여름에는 젊은이들이 몰려와 문란한 파티를 즐기는 장소가 되었다. 내가 그 온천을 찾은 이유는 따뜻한 물에 몸을 담그고 쉬면서 내 몸을 어루만지는 온천물로부터 그곳에서만 느낄 수 있는 마

법적 힘을 전달받고 싶었기 때문이다. 온천에서 그날 오후부터 이른 저녁까지 시간을 보낸 뒤 나는 숙소로 향했다. 잠자리에 들면서 혹시 온천의 영혼이 나에게 전하고 싶은 메시지가 있는지 꿈에게 물었다. 그날 밤 다음과 같은 꿈을 꾸었다.

나는 친구의 집에서 열린 파티에 있다. 사실 그 친구의 부모님 집인데, 그분들은 상당히 보수적이고 신앙심이 강해서 집에서는 술도 드시지 않는다. 당연히 결혼 전의 남녀가 성관계를 갖는 것은 꿈도 못 꾸는 일이다. 그녀의 부모님은 그날 밤 외출했는데 광란의 파티가 벌어졌다. 다음 날 아침 열 시가 되어 나는 청소를 돕고 있다. 저택에 온통 맥주캔과 술병들이 뒹굴고 집안 여기

저기에 삼십 센티미터도 넘게 쓰레기가 쌓여 있다. 사람들이 파티 중에 성관계를 가졌다는 사실도 알 수 있었다. 이 파티 끝에 남은 재앙 같은 모습에 충격으로 입을 다물지 못한다.

잠에서 깨어난 뒤 처음에는 내가 전날 밤 꿈에게 했던 질문과는 전혀 상관없는 꿈이라고 생각했다. 이보다는 좀 더 신성한 영적 메시지를 담은 꿈을 응답으로 받을 것이라고 기대했기 때문이다. 이 꿈을 그냥 무시해버리고 싶었지만 결국 꿈을 기록하기로 했다. 꿈이 내 질문에서 최소한 한 가지 측면에 대해서는 응답해주었을 거라고 생각했기 때문이다.

나는 그 꿈에 대해 다시 생각해보기 시작했다. 그리고 얼마 지나지 않아 꿈의 메시지를 읽어내는 데 성공했다. 그 온천은 꿈속에서 자신을 아름다운 십의 모습으로 드러내고 싶었던 것 같다. 신앙심 깊은 집주인들이 자기 집에서 문란한 파티가 벌어졌다는 사실을 알게 되면 크게 실망할 것이 분명하다. 그리고 이와 비슷한 방식으로 그 온천은 신성한 장소에 대해 경외심을 표할 줄 모르는 인간들로부터 심한 모멸감을 느껴왔던 것 같다. 생각이 여기에 미치자 드디어 꿈의 메시지를 명확하게 이해할 수 있었다. 과거에 신을 위해 의식과 행사를 거행했던 이 신성한 장소가, 오늘날에는 젊은이들이 향락에 취해 파티를 여는 장소로 완전히 바뀌었고 이 때문에 온천은 화가 났던 것이다.

　내가 예상했던 방식으로 응답한 꿈은 아니어서 그 의미를 이해하는 데 시간이 걸렸다. 이렇게 자신이 예상했던 것과 다른 내용의 꿈을 응답으로 받으면 그 꿈을 무시해버리기 쉽다. 이 온천에 대한 꿈 내용을 처음에는 전혀 이해할 수 없었던 것처럼 말이다. 하지만 그 꿈을 계속 곱씹어 보니, 어느새 마음에 와닿는 현명한 꿈의 메시지를 찾을 수 있었다. 꿈의 응답을 곧바로 이해할 수 없다면 꿈의 존재가 떠나가지 않게 잡고 있어야 한다. 꿈의 존재는 시간이 지나면서 서서히 자기 모습을 드러내는 경우도 있기 때문이다.

　만약 꿈의 응답을 전혀 이해하지 못했다면 또 다른 꿈에게 그 응답을 명확히 설명해달라고 요청할 수 있다. 하지만 중요한 것은 자신의 꿈을 좋아하지 않는 것과 이해하지 못하는 것의 차이를 분명히 아는 것이다. 꿈의 메시지를 풀어내기 위해 진심으로 노력해도 그 꿈을 이해하지 못한다면 꿈과 다음 대화로 이어나갈 수 있다. "꿈에게 묻습니다. 그 메시지를 제가 이해할 거라고 생각하셨다니 저를 과대평가하신 것 같아서 기분이 좋기도 하지만, 사실은 그 꿈을 전혀 이해할 수 없어요. 메시지를 훨씬 더 단순하게 만들어주실 수 있나요?" 이런 식으로 꿈에게 다시 물을 수 있다.

따라서 두 번째 가이드라인은 꿈과의 관계를 진지하게 받아들이는 것, 꿈에게서 어떤 메시지를 받든 나의 질문에 대한 가치 있는 응답으로 여기는 것이다.

셋째, 층위가 다양한 꿈과 꿈작업

배양된 꿈에 대해 완벽하게 해설할 수 있는 한 가지 해석 방법은 없으며 그 꿈을 분석하는 방식도 한 가지로 정해져 있지 않다. 꿈은 동시에 여러 층위에 대해 말한다. 따라서 꿈분석을 하고 나서 정확하게 분석했는지, 당신이 받은 꿈응답이 정답인지 고민할 필요가 없다. 한 내담자는 꿈속에서 자신이 다이아몬드 반지를 찾아 다녔다고 이야기했다. 그리고 그 꿈이 자신을 특별한 존재로 느껴도 좋다는 꿈이며 동시에 인생의 동반자를 찾으려는 자신의 바람과 관련되어 있다고 생각했다.

꿈작업은 여러 가지 방식으로 할 수 있다. 꿈의 의미에 대해 작업하거나 꿈을 경험하거나 꿈속 인물들에게 말을 걸 수도 있다. 또는 그 꿈을 기리는 의식을 행할 수도 있다. 이제 꿈의 구조를 들여다보고 꿈을 꾸고 난 뒤 치르는 의식에 대해서도 집중적으로 알아보려고 한다.

넷째, 상식적으로 생각하기

당신이 꿈에게 질문할 때 꿈이 가장 중요하게 여기는 것은 당신에게 가장 큰 이득을 주는 것이다. 그렇기 때문에 당신이 맞닥뜨린 문제를 해결하기 위해 마약을 하거나 은행강도가 되라는 말도 안 되는 제안을 할 리가 없다. 상식적으로 생각하면 그런 행위들은 오히려 인생을 더 파탄으로 몰고 갈 것이라는 사실을 이미 알고 있기 때문이다.

나는 이전에 최상의 건강상태를 유지하기 위해 어떤 음식을 먹어야 할지 꿈에게 물어본 적이 있다. 그 질문에 대해 다음과 같은 꿈을 꾸었다. "나는 플로리다의 바닷가에 있다. 날씨는 온화하고 햇살도 따사롭다. 나는 선베드에 앉아서 위스키와 코코넛밀크를 마시고 있다."

이 꿈의 응답을 토대로 내가 규칙적으로 위스키와 코코넛밀크를 마셔야 한다고 생각할 수도 있다. 만약에 그런 방식이 내 건강에 좋다면 모르겠지만, 상식적으로 위스키를 매일 마시는 것은 건강에 좋지 않다. 특히 내 경우에는 그렇다. 무엇보다도 위스키는 정말로 내 취향이 아니다. 사실 그 꿈을 꾸었을 당시 나는 일이 바빠서 전혀 쉴 틈이 없었다. 술은 이미 오랫동안 즐기지 못하고 있었다. 그래서 나는 그 꿈에 대해서 가끔 한 번씩은 바쁘더라도 잠시 쉬고

휴가도 즐기는 '코코넛밀크와 위스키' 같은 시간을 보내라는 의미로 받아들였다.

꿈작업을 위한 레시피

이제 꿈배양의 모든 과정에서 가장 재밌고 흥미진진하고 도전적인 지점에 다다랐다. 배양된 꿈을 분석하는 과정이다. 다음 설명은 배양된 꿈뿐만 아니라 모든 꿈을 분석하는 데 적용할 수 있다. 예외적으로 세 번째 단계는 질문해서 응답으로 받은 꿈에만 적용된다.

꿈분석 레시피의 네 단계

1. 꿈분석은 팀 작업이다.
2. 꿈에서 무엇을 경험했는가?
3. 당신이 했던 꿈배양 질문에 응답받은 꿈을 기록해두고 여러 번 읽어라.
4. 의식과 깨달음

꿈작업을 함께할 드림팀

꿈분석을 할 때는 먼저 당신의 꿈과 꿈의 근원 그리고 꿈속의 존재들이 꿈작업에 동참할 수 있도록 초대해야 한다. 이를 위한 의식을 만들어낼 수 있다면 가장 좋다. 거창하지 않아도 된다. 촛불을 켜고 잠시 명상한 뒤 꿈과 꿈속 존재들에게 꿈작업을 위해 나타나달라고 요청하는 정도로 충분하다. 당신에게는 꿈작업을 함께 해줄 드림팀dream team이 있다. 이 팀에는 융이 말했던 '이백만 살 먹은 노인'을 포함해서 당신의 직관적 자아intuitive self, 영적 가이드 또는 당신의 조상들이 포함될 수 있다. 이 드림팀을 불러오고 싶지 않다면, 당신이 그 꿈에 집중할 수 있게 도와달라고 그들에게 부탁할 수도 있다.

혼자 하는 것보다는 함께 꿈작업을 하는 것이 더 즐겁다. 언제나 잊지 말아야 하는 것은 바로 꿈이 당신을 돕고 싶어 한다는 사실이다. 당신이 꿈작업을 하는 동안 당신의 드림팀은 직관을 통해 당신에게 말을 걸고, 새로운 생각과 아이디어를 떠올릴 수 있게 하며, 지금 올바른 방향으로 가고 있는지 알 수 있도록 도와줄 것이다.

꿈은 항상 꾼다. 그래서 꿈꾸는 행위와 지속적으로 관계를 발전시키는 것은 꿈 그 자체와 우정을 계속 키워가는 데 도움이 될 것이다.

꿈에서 한 경험

먼저 꿈을 모두 기록한 다음 꿈에게 했던 질문에 대해 생각한다. "꿈에서 내가 무엇을 경험했지?"라는 질문은 "이 꿈이 무슨 뜻이지?"라는 질문과 다르다. 앞의 질문은 꿈의 구조가 어떠했는지 살피고 꿈속에서 느낀 지배적인 감정과 정서를 알아보는 것이다. 이런 접근 방식은 다른 꿈분석가들의 철학에 뿌리를 두고 있다. 보스낙은 꿈의 구조적 분석을 먼저 시작해보라고 제안하고, 스티븐 아이젠스탓 Stephen Aizenstat 은 "무슨 일이 일어나고 있는가?"라고 질문하라고 말한다. 융은 꿈작업을 연극이나 드라마에 비유하면서, 그 꿈 이야기의 발단, 전개, 결말을 꿈꾼 이가 분석해야 한다고 설명한다. 이처럼 꿈을 연구하는 모든 학자들은 꿈의 구조에 대해 의문을 가져보라고 조언한다.

일단 기록한 꿈의 일반적인 구조를 파악했다면, 다음으로는 꿈속에서 느낀 지배적인 감정과 정서가 무엇인지 알아보는 두 번째 단계로 들어간다. 세 번째 단계에서는 스스로에게 질문해야 한다. 바로 이 꿈이 직설적인 꿈인지, 상징적이거나 은유적인 꿈인지 판단해야 하는 것이다. 예를 들어 꿈속에서 당신이 길을 걷고 있는데 갈림길이 나왔다. 어느 쪽으로든 갈 수 있지만 오른쪽으로 갈지 왼쪽으로 갈지 결정해야 한다. 그런 경우에는 은유적인 꿈으로 볼 수 있다.

정리하면 꿈 경험의 전체적인 그림을 그려내는 데에는 세 단계가 있다.

첫째, 무슨 일이 일어나고 있는가? (꿈의 구조 파악)
둘째, 주된 감정과 정서는 무엇인가?
셋째, 직설적인가, 상징적인가, 은유적인가?

몇 가지 사례를 살펴보자. 테럴은 꿈작업 단계에 대한 내 설명을 듣고 나서 물었다. "꿈속의 경험이란 무엇인가?'라는 질문에 대해서 실제로 꿈으로 어떻게 작업했는지 예를 들어주실 수 있나요?" 그러자 머릿속에 문득 떠오른 꿈이 하나 있었다. 그 꿈을 흥미로운 실험으로 비유해 테럴에게 자세히 설명했다.

나는 그즈음 패멀라라는 여성과 만나고 있었는데, 꿈배양에 대해서도 그녀와 이야기를 나누곤 했다. 누구와 데이트하든 결국 시기는 다르지만 언젠가는 꿈에 관한 이야기를 반드시 하게 된다고 나는 웃으면서 테럴에게 털어놓았다. 패멀라와 데이트한 밤 헤어질 무렵 그녀가 말했다. "내가 계속 당신과 데이트를 하는 게 어떨 것 같냐고 꿈에게 한번 물어볼까요?" 아주 괜찮은 질문이라고 생각했고 꿈이 어떻게 응답할지도 궁금해졌다.

다음 날 패멀라는 자신이 했던 질문과 자신이 받은 꿈응답의 결과를 함께 보내주었다. 그녀는 "마히엘과의 관계는 어떻게 보이나요?"라고 질문했다. 그리고 자신이 꾼 꿈의 내용을 적었다. "우리는 어제 만났던 곳에 있어요. 같은 테이블이에요. 점원이 치킨 윙과 당신의 음료수를 가져와요. 당신이 그 음료수를 주문한 기억이 없는데 그냥 음료수를 가져다주는 게 이상하다고 생각해요. 그런데 당신이 나에게 음식을 먹여줘요. 심지어 자신의 음료수를 니가 마시게 해요. 또 음식을 작게 잘라주고 내가 음료수를 마실 때 컵을 들고 있어요."

이 꿈 이야기를 듣고 혼란스럽다고 느끼고 어떤 의미인지 궁금하다면 상당히 자연스러운 일이다. 사실 패멀라가 보내준 꿈의 내용에는 꿈꾼 이의 경험에 대한 설명이 없어서, 그녀가 꿈에서 느낀 감정과 정서가 어땠는지 충분히 알 수는 없었다. 그녀가 나와 함께 앉아 있었을 때 어떤 기분이었는지는 너무 중요하다. 유쾌했는지 불쾌했는지 아니면 그 어느 쪽도 아니었는지 알아야 하고, 꿈속에 나온 음식과 음료수에 대한 느낌도 중요하다. 내가 자신에게 음식을 먹여줄 때의 기분도 역시 중요하다. 하지만 패멀라가 기록한 사실 위주의 설명만으로는 그런 정보를 유추할 수 없었다.

나는 그 당시 참여하고 있던 꿈작업 그룹 가운데 한 곳에서 이 꿈을 사례로 들어 이야기했다. 그러자 참석자 가운데 한 명이 자신이라면 누군가 그런 식으로 먹여주는 것이 마음에 들지 않았을 것이라고 말하더니, 패멀라의 꿈속 경험을 자신이 느낀 감정으로 채워나가기 시작했다. 하지만 이런 접근은 반드시 피해야 한다. 왜냐하면 다른 사람의 꿈은 절대로 내 꿈이 아니기 때문이다.

패멀라는 다음과 같이 느꼈다고 했다. "내가 음식을 먹긴 했어요. 하지만 마음에 들었는지는 기억이 나지 않아요. 음료로 나온 것은 와인 아니면 샴페인이었는데, 음료는 마음에 들었어요. 전체적으로 당신과 함께 있을 때 느낌은 좋았어요. 전혀 긴장되지도 않았고요. 그런데 갑자기 음식이 눈앞에 나타나고 그걸 나한테 떠먹여 주자 너무 당황스러웠어요."

패멀라는 또 이렇게 설명했다. "당신은 나를 당황시키는 능력이 있는 것 같아요. 나한테는 전혀 친숙하지 않은 것들이나 새로운 경험들을 눈앞에서 보여주기도 하잖아요. 당신은 내가 만나왔던 사람들과는 너무 다르기 때문에, 지금까지 일상적으로 보아왔던 것들도 당신과 함께 있을 때는 완전히 새롭게 보여요. 당신은 유럽 태생이고 나와는 정말 다른 환경에서 자라났어요. 결혼한 적도 없고 아이를 키워본 적도 없어요. 꿈속에서 내 기분이 슬프지는 않았지만 그렇다고 아주 행복하지도 않았던 것 같아요."

꿈은 우리의 연애를 이렇게 예상했다. 꿈은 당신에게 어떻게 하라고 말하지 않는다. 꿈꾼 사람에게 자유로운 의지가 있다. 따라서 꿈에서 얻은 정보를 바탕으로 결정하고 자기 자신에게 도움이 되도록 노력해야 한다. 꿈은 현재의 상황을 기반으로 미래에 대한 시나리오의 틀을 잡는다. 그리고 당신이 질문을 결정한다. 하지만 상황은 바뀔 수 있고 사람들의 위치가 바뀌면 결과에도 변화가 생길 것이다.

패멀라의 꿈은 꿈속에서 한 경험이 얼마나 중요한지를 보여주는 좋은 사례다. 동시에 꿈의 구조를 어떻게 파악해야 하는지, 꿈꾼 이의 감성과 정서를 어떻게 고려해야 하는지도 배울 수 있다.

꿈배양을 통해 얻은 꿈에 대해 작업하는 첫 번째 단계는 꿈속의 경험이 어떤지 살펴보는 것이다. 꿈의 구조나 유형을 찾아보고 꿈속의 느낌과 정서가 어땠는지 기억한다. 이 단계를 마치고 나면 처음에 했던 꿈질문을 꿈과 비교하며 이해할 수 있다.

테럴이 물었다. "마히엘, 이렇게 계속 뜸들일 건가요? 그래서 그 여성분과는 어떻게 됐어요?" 나는 결론적으로 그 데이트가 마지막이 되었다고 대답했다.

꿈배양 질문과 꿈응답

"꿈속에서 어떤 경험을 한 거지?"라는 혼란스러운 질문에 대한 답을 찾았다면 이제 세 번째 단계를 진행한다. 이 단계에서는 당신의 꿈배양 질문과 비교하며 꿈의 응답을 읽는다. 당신이 꿈에게 했던 질문의 종류에 따라 꿈의 응답을 이해할 수 있는 방법에 대한 단서와 방향이 달라진다. 이제부터 진단적·예측적 질문과 요청 그리고 처방이라는 세 가지 질문에 대해 알아볼 것이다.

진단적·예측적인 꿈을 분석하기

진단적인 꿈은 엑스레이사진처럼 당신에게 일어나고 있는 상황을 찍어서 전반적으로 볼 수 있게 해준다. 예측적인 꿈은 예상되는 결과를 자세히 설명하며 현재의 정보를 토대로 가장 실현 가능성이 높은 결과를 보여준다. 하지만 예측적인 꿈들이 미래에 대한 정해진 약속은 아니다. 왜냐하면 자유의지가 있는 한 사람들은 계속 무언가를 결정하고, 그 결정은 첫 번째 예측에 영향을 줄 수 있기 때문이다. 어떤 경향은 줄곧 유지되어 꿈이 보여준 결과를 이끌어내지만, 다른 것들은 일시적인 자유의지 때문에 중간에 방향이 바뀔 수도 있다.

꿈은 당신의 질문에 대해 예상되는 결과 중에서 가능한 한 가장 좋은 결과를 예측해준다. 응답을 받은 다음 무엇을 할지 결정하는 것은 당신이다.

이슬람의 꿈배양 전통인 이스티카라에서 다루는 질문은 대체로 예측적이다. 사실 '이스티카라'라는 말은 자신의 인생에서 일어나는 어떠한 일에 대해서 올바른 방향으로 인도해달라고 알라에게 요청한다는 뜻이다. "이 사람과 결혼하면 어떨까요?" "내가 이러저러한 사업상 계약을 체결하는 것은 어떨까요?" 같은 질문이 그러한 예다.

고대부터 존재해왔고 시간이 흐르면서 입증된 이슬람의 전통적인 꿈분석은 단도직입적이다. 그리고 이 방식을 통해 꿈에 접근하는 방법을 알 수 있다. 이스티카라는 꿈속에서 한 경험이 긍정적인지 부정적인지를 본다. 그리고 특정 이미지들은 꿈을 해석하는

데 단서가 된다. 만약 꿈에서 우유, 하얀 종이, 하얀 천, 하얀 불빛 같은 하얀 물체를 보거나 나무, 나뭇잎, 야채, 초록색 섬유 같은 녹색 물체를 본다면 긍정적인 답이다. 만약 당신이 성스러운 종교인이나 평화로운 장소들, 당신이 호의적이라고 생각하는 행동을 본다면 당신이 고민하고 있는 행동은 긍정적인 것이다.

만약 당신이 붉은색, 노란색, 검은색 또는 당신을 공포스럽게 하거나 불편하게 만드는 부정적인 인물을 보거나 불쾌한 일을 경험한다면 그 상황을 피하라는 뜻이다.

당신은 꿈에 나오는 이미지나 경험을 근거로 해서 결정할 수 있다. 그렇게 하면 예측적인 꿈을 분석하는 작업은 더욱 쉬워진다. 왜냐하면 그 꿈이 긍정적인지 중립적인지 부정적인지만을 찾으면 되기 때문이다. 이 과정은 꿈분석의 마법사가 되지 않아도 해낼 수 있다. 예를 들어 어떤 여성이 사업상 계약에 입찰해야 하는지를 묻는다. 그러고 나서 꿈에서 자신이 운전하고 있는 차가 외계인의 공격을 받아 끝내 파괴되고 잔뜩 겁에 질린 자신의 모습을 보았다면, 당신은 외계인이 꿈에서 무엇을 의미하는지, 차를 운전한다는 것이 무슨 의미인지 알 필요가 없다. 전체적으로 그 꿈은 그저 사업 계약이 당신에게 어떤 영향을 줄지 보여줄 뿐이다. 꿈속 경험이 전체적으로 부정적이기 때문에 자연스럽게 그 계약을 더 이상 진행하지 말라고 꿈이 대답한 것이다.

테럴의 예측적 꿈배양 질문들

테럴은 다음과 같이 말했다.

내 꿈으로 그 단계들을 한번 시험해볼게요. 저는 교수님이 예측적 질문이라고 부를 만한 꿈배양 질문을 만들었어요. 작년에 요가를 하다가 손을 다쳤는데 그때 이후로 손에 통증이 없어지지 않고 쉽게 근육에 무리가 오더라고요. 그런데 친구가 자연요법 클리닉을 소개해주었어요. 전통적인 치유법이나 그 치유법을 사용하는 사람들에게 관심은 있었어요. 무엇보다 손의 통증을 너무 없애고 싶어서 어느 여름날 그 의사의 클리닉에 갔어요. 그 의사는 친절하고 제 문제에 관심을 갖고 집중했어요. 그러고는 과할 정도로 촉진을 해댔어요. 의례적인 대화는 생략하고 바로 치료를 시작한 건 마음에 들었어요.

그분은 또 근육을 테스트하려고 운동요법을 사용했어요. 그리고 저에게 여러 가지 진단을 내렸죠. 예를 들어 제가 십 대 때 단핵증 mononeucleosis 을 앓았다고 했는데, 정말 그랬거든요, 그런데 그 엡스타인-바 Epstein-Barr 라는 바이러스가 지금 활성화된 상태라고 하더라고요. 제 팔을 쭉 편 채로 몇 번 밀어보더니 앞으로 두 달 동안 네 번을 더 와야 한다고 했어요. 그러고 나서는 수백 달러어치의 보조제를 사서 클리닉을 나왔어요.

그 의사를 만나고 온 날 저녁, 그 클리닉 방문에 대한 회의감이 들어서 꿈에게 상담을 요청하기로 했어요. 잠자리에 들기 전 나는 "꿈에게 묻습니다. 내가 그 의사에게 계속 치료받는 것에 대해서 어떻게 느껴지시나요?"라는 예측적 질문을 했어요.

그러고 나서 다음과 같은 꿈을 꾸었습니다. 꿈에 새아버지가 보입니다. 실제 일상에서처럼 아주 힘들게 걷고 계셨어요. 건강 상태도 안 좋아 보이고요. 그런데 지팡이를 짚고 걷다가 갑자기 내 눈앞에서 잘 걷기 시작하는 거예요. 목소리도 더 커지고요. 그러더니 도움 없이도 혼자 잘 걷고 에너지가 넘쳐 보이더라고요. 그런 급반전된 상황을 보면서 나는 몹시 당황했어요.

"멋진 꿈이네요"라고 반응하고는, 좀 전에 이야기했던 단계들을 적용해서 그 꿈을 어떻게 분석했는지 테럴에게 물었고 그는 이렇게 설명했다. "'이 꿈에서 내 경험은 어떤 것이었지?'라고 스스로에게 물었죠. 그러니까 이 꿈에서 한 경험은 '건강이 안 좋고 잘 걷지 못하던 사람이 기적적으로 회복했다'라는 것이죠. 이 꿈에서 받은 제 감정은 놀라움이었어요. 사실 갑자기 바뀌는 모습에 충격을 받았어요."

"이제 꿈에서 경험했던 내용을 잘 이해하고 있군요. 그렇다면 그 의사에게 치료받는 것에 대한 질문에 받은 응답으로써 그 꿈의 경험을 읽어보면 어떨까요?" 내 물음에 테럴은 웃으며 말했다. "상당히 명확한 암시네요. 저는 그 기적의 의사 선생님에게 계속 치료받을 겁니다."

이마니의 진단적인 꿈

열다섯 살인 테럴의 딸 이마니는 진단적인 꿈을 요청했다. 최근 들어 학교생활이 힘들었기 때문이다. 그녀의 꿈질문은 다음과 같다. "지금 나를 앞으로 나아가지 못하게 하는 가장 강력한 속박적 신념은 무엇인가요?"

이마니는 다음과 같은 꿈의 응답을 받았다. "여러 사람이 싸우고 있는데, 나는 그들에게 내가 좋은 사람이라는 것을 알리려고 노력하고 있어요. 내가 문제의 해결책을 잘 찾아내는 가치 있는 사람이라는 사실을 믿게 하려고 무척 애쓰고 있어요." 하지만 사실 꿈속에 해결책은 없었다.

이제 상황을 알 수 있다. 그다음으로 우리는 경험, 구조, 전반적인 감정과 꿈이 말 그대로 해석되는지 아니면 상징적인지를 알아내야 한다. 이 꿈의 구조를 살펴보면, 이마니는 자신이 선량하고 가치 있는 사람이라는 점을 다른 사람들로 하여금 믿게 하려고 노력하고 있다. 그러면서 사람들에게 갈등을 일으키는 문제의 해결책을 제시함으로써 그 점을 입증하려고 한다.

이 과정에서 이마니가 느끼는 전반적인 감정은 어떤 사실을 증명하려는 열망이다. 좀 더 깊숙이 들여다보면 사실 그 안에는 친구들이 자신을 좋아하지 않거나 받아주지 않을 수 있다는 두려움과, 그들에게 가치 있는 친구로 보이고 싶다는 마음이 동시에 존재한다는 것을 알 수 있다. 이제 이 꿈이 직설적인지 상징적인지를 파악해야 한다. 이마니는 이 꿈의 내용을 일상생활에서 일어나는 지극히 현실적인 행동으로 인식했다.

꿈작업에서 다음 단계는 꿈의 응답을 질문과 비교해 이해하는 것이다. 이마니는 자신의 속박적 신념이 무엇인지 물었고, 이제 그 답을 알게 되었다. 마지막 단계는 꿈응답을 받은 후에 이루어진다. 이는 꿈에서 얻은 통찰을 일상생활에 적용하는 과정이다. 이마니는 자신의 충동을 감지하는 것으로 그 적용을 시작할 수 있다. 자신의 속박적 신념이나 자신에게 도움이 되지 않는 행동을 진정으로 인식할 때만 변화를 이끌어낼 수 있다. 이마니는 자신의 충동에 따라 속박적 신념을 행동으로 표출할 때 몸이 어떻게 반응하는지 알아야 한다. 그리고 그런 충동을 느끼기 직전과 그 충동을 표출하지 않고 자제하고 있을 때 어떤 생각이 드는지도 인식해야 한다.

이러한 통찰을 실행할 수 있는 방법을 정리하고 난 뒤 이마니는 다시 한번 처방적인 꿈을 요청했다. 이번에는 다음과 같이 질문할 수 있었다. 예를 들어 "나의 이러한 속박적 신념을 극복하기 위해 할 수 있는 일 한 가지는 무엇일까요?" "한 개인으로서, 한 명의 친구로서 내가 더 가치 있다고 느끼려면 어떻게 해야 할까요?"

해나의 처방적인 꿈질문

해나가 원했던 것은 꿈의 처방이었다. 그녀의 꿈질문은 이러했다. "꿈에게 묻습니다. 내가 규칙적으로 먹어야 할 음식은 무엇일까요?" 그러고 나서 다음과 같은 꿈을 꾸었다. "내가 요가 수련회에 참여하고 있어요. 그러면서도 매일 하는 요가 수업에 다시 나가야겠다고 생각해요. 그다음 우리는 점심을 먹으러 가요. 이전보다 적은 음식이 테이블에 있어요. 그런데 빵을 빼면 삶은 달걀과 땅콩버터밖에 없다는 것을 알게 돼요."

이 꿈에 꿈작업 가이드라인을 적용해보자. 먼저 경험적인 측면을 살펴보면 이 꿈은 두 부분으로 되어 있다. 첫 번째 부분에서 해나는 요가 수련회에 참여하고 있었다. '요가 수련회'라는 개념을 꿈이 말하려는 특별한 조언으로 받아들여야 한다. 왜냐하면 여기서 꿈이 '음식'이라는 구체적인 개념보다는 '전반적인 건강'의 개념을 보여주고 있기 때문이다. 요가는 해나가 예전에 하다가 지금은 다쳐서 쉬고 있는 운동이고 다시 시작할 가능성이 없는 요소다. 이 부분은 상당히 직설적이다. 꿈은 해나에게 몸을 움직이라고 말하고 있다. 요가를 하거나 아니면 다른 운동이라도 하라고 권하는 것이다.

꿈의 두 번째 부분에서는 테이블에 적은 양의 음식이 놓여 있었다. 해나는 그 부분을 꿈에 나타난 그대로 이해했다. 그녀는 실생활에서 먹는 음식의 양이 조금씩 늘어나고 있었다는 사실을 깨달았고, 그녀의 위도 이 늘어난 섭취량에 적응했다는 의미로 받아들였다.

그렇다면 삶은 달걀과 땅콩버터는 직설적인 표현일 수도 있고 은유적인 것일 수도 있다. 단백질 같은 영양분을 의미할 수도 있다. 또는 해나에게 몸에 좋은 음식을 더 많이 먹는 것은 물론 땅콩버터 같은 간식도 잊지 말고 챙겨 먹으라는 메시지일 수도 있다. 하지만 상식적으로 보면 한 가지 의미를 더 발견할 수 있다. 당분이 많이 들어 있는 땅콩버터를 더 먹는 것이 해나의 건강에 해롭다는 사실이다. 이 부분은 이 꿈을 직설적인 것으로 이해하고 해석하면 찾아낼 수 있는 메시지다. 전반적으로 해나는 이 꿈의 메시지를 명확히 이해했고 자신에게 답을 보여준 꿈에게 감사했다.

세 번째 꿈의 유형은 요청에 대한 응답이다. 테럴의 가족 중에 이런 질문을 한 사람은 없었다. 사람들은 꿈을 통해 경험해보고 싶은 일이 있거나 해결해야 할 일에 도움이 필요할 때, 예를 들어 "꿈에게 부탁합니다. 제발 친구에게 쉽게 화내지 않도록 도와주세요" "꿈에게 간청합니다. 나의 슬픔을 극복할 수 있도록 도와주세요"처럼 꿈에게 도움을 청할 수 있다.

꿈을 꾸지 않는다면

아침에 식탁에 앉아 있던 토미는 실망스러웠고 다른 가족들에게 조금 질투가 났다. 나른 사람들은 모두 꿈으로부터 인내와 도움을 받았지만 자신은 꿈을 기억조차 할 수 없었기 때문이다. 꿈배양 과정에서 꿈을 기억하지 못하는 일은 누구에게나 일어날 수 있다. 먼저 그런 일이 일어날 몇 가지 가능성에 대해서 알아보자. 그전에 꿈의 반응을 꿈배양 질문에 대한 응답으로 받아들인다는 가이드라인을 먼저 생각해보자. 그렇다면 꿈이 없다는 것, 꿈을 기억하지 못하는 것 역시 꿈의 대답이다. 이런 경우 '대답 없음'은 어떤 의미일까?

'꿈을 꾸지 않음'이라는 대답은 대부분 질문의 질적 상태를 반영한다. 꿈질문이 제대로 만들어지지 않았거나, 아직 그 대답을 알 수 없는 부적절한 시기에 한 질문이거나, 단순히 다시 한번 질문해 보라는 꿈의 의도를 나타내는 것일 수도 있다.

어떤 사람들은 실제로는 꿈을 전혀 기억하지 못하지만 자신의 질문에 대한 답을 알게 된 상태로 깨어나기도 한다. 그 응답이 동시적 사건 synchronic event* 을 통해 전달되는 경우도 있다. 이 주제에 대해서는 간략하게 살펴보고 가장 일반적인 문제를 먼저 살펴보자.

형편없는 꿈질문

자신의 질문에 대한 꿈을 기억해내지 못한 토미가 그 상황에 어떻게 대처했는지 테럴에게 물었다. 테럴은 먼저 토미의 질문을 살펴보았다고 한다. 토미의 질문은 "나에게 맞는 직업을 어떻게 찾을 수 있을까요?"였다. 가족들은 이 질문이 과연 잘 만들어진 것인지 의문을 가졌는데, 이 점에 나도 동의한다. 테럴은 토미가 자신의 숙제를 잘 해낸 것 같지 않다고 생각했다. 몇 년 동안 공부만 했던 토미는 자신이 진심으로 무엇을 원하는지, 어떤 일부터 시작하고

---

* 두 개 이상의 사건이 인과관계 없이 동시에 일어나는 의미 있게 연결된 사건

싶은지 알지 못했다. 꿈에서는 상호작용이 일어나지 않는다. 단지 스스로 해결할 수 있는 일이 무엇인지 알려줄 뿐이다. 꿈은 당신이 노력하는 경우에만 기쁜 마음으로 당신을 돕는다. 토미의 경우에는 먼저 취업시장에서 다양한 업무와 회사 간의 차이점에 대해 알아보고, 자신의 마음이 어떤 분야에 가장 끌리는지 파악하는 자기성찰의 시간이 필요했던 것 같다. 그러고 나서 꿈에게 다시 인도받기 위해 질문하는 것이 바람직하다.

한편 꿈질문은 훌륭하지만 시기가 적절하지 않은 경우도 있다. 예를 들어 우리는 인생의 파트너를 어떻게 찾을 수 있을지 꿈에게 물을 수 있다. 하지만 이런 경우에 꿈은 먼저 스스로를 파악하고 연구하라고 요구할 것이다. 자기 자신에 대한 탐구를 끝내야 진정으로 영혼의 단짝을 만날 준비가 된 것이기 때문이다.

이런 경우가 아니라면 단순히 꿈을 기억하는 능력이 부족한 것일 수도 있다. 그렇더라도 절대로 포기하지 말기 바란다. 꿈은 당신이 다시 물어보면 분명히 또 대답해줄 것이다.

꿈은 기억나지 않지만 해결된 문제

누군가 고민이 있다고 하면 하룻밤 자고 나서 다시 생각해보라고 이야기하곤 한다. 자고 일어나면 세상이 다르게 보이고 상황도 다르게 느껴질 수 있으니 시간을 갖고 생각해보라는 뜻이다.

세계적인 축구선수이자 축구의 혁명가라고 불리며 논란을 몰고 다녔던 요한 크루이프 Johan Cruyff는 한 인터뷰에서 자신이 밤에 도움을 요청한다고 밝혔다. 어릴 때 아버지가 돌아가신 크루이프는 여전히 아버지에게 말을 건다면서 이렇게 이야기했다. "나에게 문제가 생기면 잠들기 전에 보통 이렇게 말해요. '제발 저를 도와주세요. 내일 아침에 깨어나면 어떻게 해결해야 할지 알 수 있게 해주세요.' 그리고 다음 날 아침에 잠에서 깨면 나는 정말로 어떤 일을 해야 할지 알고 있어요."[5]

꿈을 기억하지 못하는 상태로 잠에서 깨어날 수 있다. 그럼에도 당신은 무엇을 해야 할지 알고 있을 수 있다. 그 내용이 정신의 핵 속에 남아 있기 때문이다.

낮에 도착한 꿈의 응답

꿈질문에 대한 응답을 꿈에서만 받을 수 있는지 확인하려는 사람들을 가끔 만난다. 그 사람들과 이야기를 나누다보면 자신들은 낮에 꿈의 응답을 받은 것 같다고 말하는 경우가 많다. 특히 신문을 읽거나 친구와 이야기를 나누다가 일어나는 동시적 사건들을 통해 꿈의 응답을 받았다고 이야기한다. 어떤 사람은 출근하는 길에 큰 광고판에 있는 메시지에 눈길이 끌렸다고 한다. 꿈의 영혼은 밤뿐만 아니라 낮에도 활동한다. 이 영혼은 당신이 애타게 찾고 있는 해답을 알려주기 위해 낮에도 쉬지 않고 일한다. 그래서 낮에도 직감이나 의미 있는 우연을 통해 응답한다. 그렇기 때문에 당연히 낮에도 꿈질문에 대한 답을 받을 수 있다. 만약 누군가 똑같은 질문을 한다면 나는 그들에게 말해줄 것이다. 꿈의 응답이 직감과 의미 있는 우연을 통해 다양한 형태로 깨어 있는 동안에도 우리에게 온다는 것을 보여주는 살아 있는 증거가 바로 당신이라고.

꿈꾸고 난 뒤 얻는 깨달음

꿈작업의 마지막 단계는 의식과 깨달음의 과정이다. 당신은 꿈의 응답에 감사하는 마음을 전하며, 그 응답으로 어떤 일을 하려고 하는지 알려줘야 한다. 일상에서 꿈의 메시지에 따라 살았던 미국의 나스카피 인디언The Naskapi Indians은 이 후속 단계에 충실할수록 더 풍부하고 훌륭한 꿈을 꾸게 된다는 사실을 알고 있었다.*[6]

---

* 카를 구스타프 융 외 지음, 설영환 옮김, 《존재와 상징》, 글로벌콘텐츠, 2024

아스클레피오스 꿈배양 전통에 따르면 아스클레피오스는 인간의 작은 답례도 기쁘게 받았다. 크고 값진 선물은 필요 없었다. 순례자의 감사와 신에 대한 존경, 그 관계를 소중히 여기는 마음이 담긴 것이라면 어떤 물건이든 충분했다. 다시 한번 말하지만 꿈과 우리는 지속적으로 우정을 이어가는 관계다.

만약 당신이 어떤 일을 하기로 꿈과 약속했다면 그 약속을 지켜야만 한다. 꿈의 충고에 따라 실행에 옮기는 것은 감사한 마음을 표현하는 좋은 방법이고, 그보다 더 많은 방법으로 그 마음을 표현할 수 있다면 역시 도움이 된다.

꿈을 꾸고 나서 치르는 의식은 나에게 도움이 되는 명확한 꿈을 꾸었을 때 그 감사한 마음을 표현할 수 있는 중요한 과정이다. 만약 완벽하게 이해할 수 없는 꿈을 꾸었다 해도 이 후속 의식은 역시나 매우 중요하다. 이 의식을 통해 꿈과 대화를 이어갈 수 있고 자신이 시도한 꿈의 해석이 옳았는지 확인해보는 기회가 되기 때문이다. 꿈작업 그룹의 일원인 제시는 꿈배양 질문에 대한 꿈의 응답을 받았지만 그 꿈을 완전히 이해하지 못했다. 그래도 그녀는 후속 의식을 치렀다. 제시는 "내가 부모님에게 털어놓아야 할 이야기로는 어떤 것이 있을까요?"라고 질문했다.

그러고 나서 제시는 다음과 같은 꿈을 응답으로 받았다.

> *나는 강변을 따라 운전하고 있어요. 주변을 둘러보기 위해 여러 번 차를 멈추고 차에서 내립니다. 그런데 계속 곰이 나타나요. 곰이 나를 따라옵니다. 사실 나는 그 곰에게 관심이 있고 그 곰과 가까이에 있고 싶지만 그 곰이 무서워요. 나에게는 연어가 있어요. 그래서 곰이 나에게 관심이 있다고 생각해요. 나는 어떻게 하면 공격을 받지 않으면서 연어를 곰에게 먹여줄지 궁리하고 있어요.*

이 꿈은 다양한 방식으로 이해할 수 있다. 하지만 꿈의 응답을 받고 나서 후속 작업을 하기 위해 몇 가지 아이디어에 집중해보자.

먼저 꿈에 감사하는 마음을 갖고 그녀가 첫 번째로 행한 후속 작업은 자신의 꿈을 기록하고 그 꿈을 꿈작업 그룹원들과 나눈 일이다. 그 밖에도 제시가 실제로 실행할 수 있는 후속 작업이 몇 가지 있다. 그 꿈질문과 꿈의 내용에 대해서 부모님과 이야기를 나누거나, 부모님에게 연어 요리를 만들어 대접하면서 꿈 이야기를 들려줄 수도 있다. 아니면 곰과 연어를 소재로 그림을 그리거나 다양한 형태의 점토 조형물을 만들어낼 수도 있다.

이러한 활동은 꿈의 응답을 이해하지 못한 상태에서도 누구나 할 수 있다. 하지만 그런 활동을 통해 자신이 던진 질문의 에너지가 사라지지 않게 할 수 있다. 그렇게 하면 시간이 지나더라도 언젠가 그 꿈의 내용을 어떻게 이해해야 할지 알게 될 것이다.

꿈과 맺은 관계 강화하기

꿈의 응답을 받고 나서 작업하는 과정은 힘들면서도 즐겁다. 이번 장에서 배양된 꿈에 대해 작업할 때 필요한 네 가지 가이드라인에 대해 알아보았다. 이와 함께 꿈작업 레시피의 네 단계도 다루었다. 꿈의 응답에 대해 작업하고 꿈과 함께하는 이러한 방식은 '이백만 살 먹은 노인'과의 관계를 발전시키는 것과 같다. 이 과정의 목적은 현존하는 것에 주의를 집중하고, 자신의 직관에 귀를 기울이며, 꿈의 세상이 깨어 있는 자신의 세상에 스며들게 해서 자신이 꿈꾸던 인생을 살아가는 것이다.

13

꿈배양의 함정

마엘레와 나는 요하네스버그 근교 도시인 멜빌의 한 카페에 앉아서 부드럽게 내리쬐는 오후의 햇살을 즐기고 있다. 그녀는 커피를, 나는 남아프리카에서 재배된 녹차를 한 모금 마신다. 나와 나이가 비슷한 마엘레는 요하네스버그에 있는 광고회사에서 일한다. 그리고 치유와 꿈에 관심이 있다. 그녀가 자란 작은 마을에서는 꿈을 진지하게 받아들이는 것이 매우 당연했다. 그녀는 최근 몇 년 동안 그 마을의 전통 치유자들과 함께 시간을 보내면서 꿈의 세계, 자신의 조상들과 더 깊은 관계를 맺게 되었다. 그녀의 통찰력과 경험, 전통에 대해 알아가는 것은 정말 즐겁다. 마엘레는 내가 꿈에 접근하는 방식을 알고 싶어 한다. 우리는 꿈배양 과정에 숨어 있을 수 있는 함정들에 대해 이야기를 나누었다.

꿈은 솔직한 답을 보내주나요?

마엘레의 말에 따르면 그녀의 마을에 있는 전통적인 주술사^{medicine man}인 상고마는 언제나 트릭스터^{trickster}* 영혼에 대해 경고한다. 트릭스터가 꿈에 들어와 당신을 속일 수 있기 때문이다. 마엘레는 마을에 사는 한 남성에 대해 이야기해주었다. 그 남성은 자신의 결혼 문제에 대해서 꿈에게 물어보았다고 한다. 그는 꿈에서 조상들을 보았고, 그분들이 모두 미소를 짓고 있었다는 이유로 그 결혼을 긍정적인 것으로 받아들였다. 하지만 마엘레는 그렇게 중대한 인생의 결정을 내릴 때 꿈이 진실을 말하고 있는지 장난을 치고 있는지 어떻게 구분할 수 있냐고 나에게 물었다.

마엘레를 포함한 많은 사람이 꿈배양에 대해 의문을 갖는다. 그 꿈을 믿을 수 있는지, 그 꿈이 성말 인생에 도움을 줄 수 있는지, 우리를 진짜 올바른 방향으로 인도하는지에 대해서 확신하지 못하기 때문이다. 만약 인생의 중요한 결정에 대해 질문하고 꿈의 도움을 받으려고 한다면, 이제부터 살펴볼 질문을 스스로에게 하고 그 답을 확인해보기 바란다.

---

* 도덕과 관습을 무시하고 사회질서를 어지럽히는 신화 속의 인물이나 동물 따위를 이르는 말

나는 일반적인 꿈과 배양을 통해 얻은 꿈의 응답 사이에 분명한 차이가 있다고 확신한다. 일반적인 꿈에는 트릭스터가 출몰할 수도 있다. 하지만 당신이 신비로움과 연결되기 위해 정성을 다해 신성한 의식을 치른 상태라면 잘못된 길로 인도받는 경우는 없을 것이다. 신비로움은 고의로 당신을 속이거나 잘못된 응답을 하지 않는다. 배양된 꿈에 대한 응답은 우리의 인생에 도움을 주기 위해 전달되기 때문이다.

사실 나는 그 누구보다 꿈과의 관계를 더 근본적인 것이라고 여기는 편이다. 나는 꿈이 내 질문에 반드시 대답해줄 것이라고 전제하고 꿈에게 질문한다. 신비로움과 꿈꾼 이가 질문과 답을 주고받는 이 신성한 관계는 깨질 수 없다. 그래서 나는 배양된 꿈이 진실하고 신뢰할 만하다고 '믿는다'.

듣기 싫은 것마저 알려주는 꿈

꿈은 우리에게 무언가 해보라고 응원하기도 하고, 안 좋은 방향으로 향하면 그렇게 하지 말라고 경고하기도 한다. 우리에게 도움이 되는 꿈의 조언임에도 듣고 싶지 않을 수도 있다. 어떤 꿈은 자신의 더 깊은 내면으로 들어가 새로운 경험에 도전해보라고 말하기도 한다. 꿈이 보여주는 새로운 방향이 매우 큰 도움이 될 것임에도, 그러한 꿈의 요청이 성가시거나 불편하고 두려울 수도 있다. 하지만 일단 새로운 것을 시도해보면 즐거운 경우가 많다.

고대로부터 인간에게는 모험하라는 요구를 거부하려는 경향이 있었다. 삶은 우리에게 새로운 방향으로 가보라고 손짓하지만, 실제 인생에서 자신이 갖고 있던 생각과 맞지 않는 방향인 경우가 대부분이기 때문이다. 운명적 요구를 받고도 실천하기를 거부하는 인물들이 민담과 신화에 자주 등장한다. 니네베로 가는 것을 거부한 이스라엘의 예언자 요나^{Jonah}의 경우가 그렇다. 지속되던 관계를 정리하거나 다니던 직장을 떠날 때가 되어도 우리는 망설이며 기다린다. 글을 쓰거나 그림을 그리는 창조적인 능력을 갖춘 사람 중에 그 타고난 재능을 숨기고 발휘하지 않는 사람들노 있다. 이런 사람들은 창조적인 일을 해보라는 꿈을 꾸겠지만, 전혀 그런 일을 하고 싶어 하지 않는다. 꿈을 꾸지 않으면 그런 제안을 따를 필요가 없으니, 오히려 그런 꿈을 꾸지 않는 게 더 편할 수도 있을 것이다. 물론 주어진 인생의 길을 따라가기가 쉽지 않은 경우도 있다.

요가 수행에 깊이 빠져 있던 영적 재능이 풍부한 한 여성의 사례를 들어보자. 그녀는 꿈에게 자신이 가야 할 인생의 길에 관해 물었다. 꿈은 그녀에게 요가 지도자가 되면 큰 도움이 될 거라고 명확하게 말해주었다. 하지만 그녀는 그 꿈의 메시지가 그런 내용이 아니기를 바랐다. 자신이 훌륭한 요가 지도자가 될 수 있을 것이라고 확신하지 못했고, 그렇게 되기 위해 지금 상황에서 어떤 노력을 더 해야 할지도 알 수 없었다. 무엇보다도 결정적으로 요가 지도자가 된다는 생각 자체가 내키지 않았다. 그래서 그녀는 이 똑같은 질문을 일 년 동안 여러 번 반복해서 꿈에게 물었다. 그리고 결국 최근에야 자신의 운명을 받아들였다.

인생에서 무언가가 되거나 어떤 인물이 되어보라는 긍정적인 요구를 받는 순간이 있지만, 어떤 식으로든 자신의 생각을 합리화하면서 그 요구를 무시해버리는 사람들이 있다. "우리를 가장 두렵게 하는 것은 우리 안의 어둠이 아니라 우리 안의 빛이다"[1]라는 말처럼 진정한 자신의 모습으로 살아내는 것은 결코 쉬운 일이 아니다. 꿈은 솔직하다. 꿈은 우리가 듣고 싶어 하는 말을 해주지는 않지만, 우리가 들어야만 하는 메시지를 전해준다.

꿈은 하고 싶은 일을 하지 말라고 경고하기도 한다. 친절하고 활발한 친구 시에라는 집을 사려고 알아보고 있었다. 그녀는 2008년 주택 가격 대폭락 직전에 집을 샀고, 이후 결혼 생활이 끝나고 경제 불황이 이어지면서 그 집을 헐값에 팔아야만 했다. 요즘 시에라는 또 집을 사려고 알아보고 있다. 하지만 그녀의 눈이 충분히 낮아도 적당한 가격대의 집을 찾기가 쉽지 않았다. 부동산 정보를 제공하는 이메일을 구독하고 있지만 그녀는 자신이 과연 집을 살 수 있을지 회의적일 수밖에 없었다. 원하는 집의 가격과 주택 구입 자금은 항상 맞지 않았고, 자신의 처지를 생각하면 앞으로도 집을 살 수 있는 가능성은 없어 보였다. 그때 적당한 가격의 작은 집이 매물로 나왔고 시에라는 그 집을 사고 싶었다.

하지만 그보다 먼저 그 집을 사도 괜찮은지 꿈에게 물어보기로 했다. 그리고 꿈의 응답을 받았다. 꿈에서 그녀는 파리로 향하는 비행기를 타고 있었다. 그녀에게 파리는 숨 쉬고 있는 것만으로 즐거운 도시다. 그런데 그곳으로 가는 비행시간이 끔찍했다. 한순간 그녀의 눈앞에 비행기가 추락하는 이미지가 떠올랐다. 그 이미지 자체도 충격적이었지만, 그 꿈을 꾸고 나서 극도로 불길한 느낌이 들었기 때문에 그 집을 사지 말아야 한다고 직감했다. 시에라는 실망스럽기는 했지만 이성적으로 이번 기회는 포기하는 게 좋겠다고 결정했다.

시에라의 사례는 꿈이 도움을 주는 또 다른 방식을 알려준다. 꿈은 우리가 듣고 싶어 하는 이야기만 들려주지는 않는다.

시련에 맞설 수 있도록 힘을 주는 꿈

마엘레의 설명에 따르면 상고마가 되어 무속인으로 살아가는 삶을 대부분의 사람들은 원하지 않는다고 한다. 그들은 질병에 맞서야 하고 난해한 꿈을 꾸며 자신을 불행하게 만드려는 사악한 영혼들과 싸워서 그들을 물리쳐야 하기 때문이다. 그리고 그 재능 때문에 상고마는 결국 주변 사람들로부터 고립된다. 무엇보다 저승the Ohter World의 어두운 힘과 대적하는 일은 위험하다.

  꿈배양의 도움을 받아 당신은 삶의 행로를 찾을 수 있고 그 행로가 인생에서 무엇을 의미하는지 깨달을 수 있다. 이 과정은 우리에게 유용하지만, 과연 자신에게 주어진 삶의 행로를 성실히 따르며 꿈을 추구하는 인생을 충실하게 살면 문제와 고통 없이 살 수 있을까? 그렇지 않다. 꿈과 관계를 원만하게 유지하면서 꿈꾸는 인생을 살아간다 해도 당신이 십자가에 못 박혀야 하는 실제 고난에서 구원받을 수는 없다. 예수는 자신에게 주어진 소명대로 살았다. 하지만 그조차도 자신에게 최후가 다가오고 있음을 보지 못한 것 같다.* 예수는 겟세마네 동산에서 이렇게 말씀하셨다. "내 아버지여

---

* 예수가 처형되기 전날에도 평소처럼 겟세마네 동산에서 피땀을 흘리며 기도한 일을 가리킨다.

만일 할 만하시거든 이 잔을 내게서 지나가게 하옵소서."*²

　인생에서는 힘들고 많은 문제를 해결해야 하며 고통스럽고 불공평한 일들을 겪게 된다. 그 누구도 이런 일들을 피해갈 수는 없다. 누군가는 사랑하는 사람을 잃고 끔찍한 실연을 겪으며 또 누군가는 불치병에 걸리기도 한다. 꿈과 협력관계를 단단하게 유지한다 해도 이런 일들이 일어나지 않도록 막을 수 없다. 꿈배양을 해서 꿈의 인도를 받아도 마찬가지로 이런 시련들을 피할 수 있다고 장담하지 못한다. 꿈은 당신이 그런 상황을 헤쳐나갈 수 있도록 길잡이가 되어줄 뿐이다. 물론 언제나 당신이 원하는 결과를 얻을 수 있다고 약속하지 않는다.

　꿈은 우리가 인생을 사랑하는 법을 배우는 태도를 갖출 수 있도록 도와준다. 인생의 부침浮沈을 겪으면서 우리가 온전하게 인생을 사랑할 수 있도록 알려주기 위해서다. 꿈은 '인생의 슬픔마저도 기꺼이 받아들일 수 있도록'³ 도와준다.

---

*　대한성서공회 홈페이지, '성경읽기', 《마태복음》 26장 39절 재인용

꿈과 함께하는 인생이라는 게임

마엘레와 나는 안락한 카페에서 나와 모퉁이를 돌면 보이는 근사한 레스토랑으로 발걸음을 옮겼다. 해가 지면서 주변이 어두워지고 있었다. 콘크리트 도로가 낯설지만 친숙하게 느껴졌다. 나는 태어나서 네 살이 될 때까지 이곳 남아프리카공화국에서 살았다. 그래서 이곳에 돌아올 때마다 일상이 너무나 친근하다. 이렇게 거리를 걸을 때나 이곳 사람들 특유의 말투를 들을 때, 이 도시의 활기를 느낄 때 특히 그렇다. 나는 세계 그 어느 도시에서보다 고향인 이곳 남아프리카공화국에서 편안함과 친숙함을 느낀다.

마엘레는 걸어가면서도 이야기를 멈추지 않았고 꿈이 솔직하게 응답한다는 내 의견을 듣고 곰곰이 생각에 잠기기도 했다. 그러다가 그녀가 이렇게 물었다. "내가 꿈을 정확하게 해석하고 있는지 어떻게 알 수 있죠? 얼마 전 저는 꿈에게 사업 방향에 대해서 물어보았어요. 그 질문을 하고 나서 꿈을 꾸었는데 벌떼가 나타나 우리집 마당에 있는 나무에 살기 시작하는 꿈이었어요. 저는 이 꿈을 긍정적인 암시로 받아들였죠. 하지만 이 경우에 내 해석이 정확한지 어떻게 알 수 있죠?"

어떤 꿈은 상당히 명확하게 이해할 수 있지만 좀 더 복잡한 꿈도 있고 정말로 이해하기 어려운 꿈도 있다. 꿈작업을 하려고 꿈에 대해 깊이 생각해보지만 아무런 단서도 떠오르지 않을 때가 분명히 있다. 만약 꿈의 응답을 받지 못했다면 후속 질문을 하거나 질문 자체를 좀 더 명확하게 바꿔볼 수 있다.

어떻게 해도 꿈의 응답을 이해할 수 없거나 내 결정이 효과적일지 확신할 수 없을 때도 분명 있다. 하지만 우리는 꿈의 응답으로부터 이끌어낸 결론을 따르고 스스로 판단하며 위험을 감수할 수도 있어야 한다. 이것이 바로 인생이라는 게임의 방식이다. 만약 실수를 했다면 방식을 바꾸고 꿈의 응답을 어떻게 잘못 이해했는지 파악해서 그것으로부터 인생의 교훈을 얻으면 된다. 만약 마엘레가 나무와 벌이 나오는 꿈을 근거로 사업의 방향을 결정한다 해도 그녀는 자신의 사업을 면밀히 살펴야만 한다. 맹목적인 믿음은 마엘레뿐만 아니라 그 누구에게도 어떤 시기에도 도움이 될 수 없다. 자신이 결정한 내용을 주의 깊게 살펴봐야 한다. 꿈의 응답에 대해서는 확신하지 못해도 꿈이 인생이라는 게임에 참여하고 있다는 사실만은 확실하다.

내가 결정한 나의 인생

마엘레는, 조상들이 다른 세계인 저승에서 우리에게 도움을 주며 우리를 인도하기 위해 기다리고 있다는 이야기를 상고마에게서 들은 적이 있다고 한다. 하지만 인간이라면 개인적인 책임감과 자유의지를 갖고 살아가기 때문에 조상이 우리의 인생에 간섭할 수는 없다. 그렇게 되면 우리가 원하는 삶의 방식에서 벗어날 수 있기 때문이다. 그래서 조상에게 매일 도움과 인도를 요청해야 한다. 그러면 당신의 목표와 목적을 매일 조상들에게 알려주는 셈이 되어, 조상들에게 당신이 이루고자 하는 것과 그들로부터 어떤 도움을 받고 싶은지 분명하게 알려줄 수 있다.

누구나 인생을 마무리할 때 자신의 결정과 행동에 대해 책임을 진다. 이때 당신 대신 조상들이 책임을 지지는 않는다. 꿈의 응답을 받아서 그 응답의 의미를 어떻게 이해하든 그것을 토대로 내린 결정에 대한 책임은 언제나 개인에게 있다. 만약 인생에서 새로운 방향을 시도하거나, 관계를 정리하거나, 새 집을 사는 것에 대해서 꿈이 찬성하고 격려해주었다고 하자. 당신이 그렇게 믿더라도 그 결정은 당신이 한 것이며 그 결과는 당신의 책임이다. 꿈의 응답에 따르겠다고 결정하는 것과 마찬가지로 따르지 않겠다고 결정하는 것도 당신의 책임이다.

인생은 언제나 본인이 책임져야 한다. 그 책임을 본인 탓으로 돌리는 사람도 있고 부모나 직장 상사, 경전이나 자신이 믿는 신의 탓으로 돌리는 사람도 있다. 그러나 결정은 스스로 하는 것이기 때문에 자신보다 더 훌륭한 누군가의 말에 따라 내린 결정이라도 여전히 그 책임은 자신에게 있다. 어떤 글을 읽고 그 말에 따랐다면 그 역시 당신이 선택한 것이다.

인생에서 행하는 모든 행위에는 개인의 책임이 따른다. 이는 카르마^{Karma}라는 불교의 사상과 일맥상통하는 개념이다. 사전적으로 '행동'을 의미하는 카르마는, 모든 행위에는 그에 상응하는 결과가 있으며 어떤 행위를 하는 사람은 그 행위의 결과물을 얻게 된다는 뜻이다. 그 결과가 항상 유쾌한 것만은 아니다. 따라서 꿈작업을 하면서 꿈분석을 할 때도 그 내용과 결과에 따라 최종 결정을 할 수 있다는 사실을 잊지 말아야 한다.

개인이 자신의 삶을 책임진다는 생각이 의식체계로 녹아 들어가는 동시에 자유의지라는 개념이 내면에 자리 잡으면, 인생에서 선택한 모든 결과는 전적으로 자신의 책임이라는 말을 이해하게 된다. 우리는 인생의 흐름에 순응할 수도 있고 역행할 수도 있다. 앞에서 이야기했던 사례에서, 해류를 거슬러 헤엄치던 그 여성은

곧 기진맥진했고 그 상황을 헤쳐나갈 의지를 상실했다. 하지만 이런 상황 또한 개인이 선택한 결과였다. 더 나은 인생의 동반자를 찾아보라고 꿈이 제안해도 지금의 배우자를 떠나지 않는 사람들이 있는 것과 마찬가지다.

아프리카의 샤먼인 말리도마 소메는 나에게 다음과 같이 이야기해주었다. 아프리카의 영적 전통에서는 저승에서 조상들을 가장 먼저 만나게 된다고 믿는다. 그리고 그들에게 도움을 청할 때 오늘은 취업 문제를 해결해달라고 요청하고, 생각이 바뀌어 다음 날에는 새로운 도움을 요청해도 상관없다고 한다. 조상들은 그저 우리를 돕고 싶어 하기 때문에 그런 것에 개의치 않는다. 어느 방향으로 갈지 정했다고 해서 반드시 그대로 해야 하는 것은 아니라는 뜻이다. 우리는 자유의지 덕분에 언제든지 마음을 바꿀 수 있다.

제4장에서 우리를 항상 돕고 싶어 하는 신비로움의 특징에 관해 이야기했다. 신비로움은 우리에게 선택권을 주고 우리가 내린 결정에 대해 일방적으로 판단하지 않는다. 물론 우리의 선택에는 결과가 따르며 그 결과는 우리가 좌우한다는 사실을 잊지 말자.

사악한 의도, 고통스러운 삶

마엘레의 마을에 있는 상고마들은 자기 자신을 악령으로부터 지키기 위해 항상 경계하고 있다고 한다. 악령 중에는 토콜로시tokoloshe가 있다. 이 짓궂고 사악한 도깨비는 물을 마시면 눈에 보이지 않는 상태가 되는데, 악의가 있는 사람들이 이 도깨비를 불러내 다른 이들을 괴롭힐 수 있다고 한다. 남아프리카 어느 지역을 가든 누구나 토콜로시를 알고 있었으며 이 사악한 존재에 대한 두려움이 매우 컸다. 이 지역에는 흑마술이나 주술의 영향력이 여전히 남아 있기 때문에 많은 사람들이 특별히 조심한다. 일부 사람들은 주술사를 찾아가 다른 사람에게 저주나 주문을 걸어달라고 부탁하기도 한다. 마엘레는 악의를 품은 사람들이 자신의 계획을 실행하기 위해 저승의 존재들을 동원할 수도 있을 것 같다고 생각했다.

    마엘레의 생각은 신선하다. 하지만 사실 남아프리카 여러 지역 사람들도 같은 질문을 한다. 케이프타운에서 융학파 심리학자들이 주최했던 공개 강연에서 꿈에 대해 상의한 적이 있다. 그때 여러 명의 참석자가 꿈배양을 통해 사악한 영혼들을 끌어들일 수 있는 가능성과 그 영혼에 사로잡힐 수 있는 위험성에 대해서 질문했다. 그리고 내 고향인 블룸폰테인과 요하네스버그에서도 똑같은 질문을 받았다.

    이런 모든 상황이 나에게는 너무나 흥미로웠다. 왜냐하면 몇 년 동안 이런 질문이 이 정도로 강력하게 수면 위로 떠오른 적이 없었기 때문이다. 이곳 사람들은 "사악한 목적을 위해 꿈배양을 사용할 수 있습니까? 그리고 그렇게 하면 악령을 끌어들일 위험이 있습니까?"라고 질문한다.

    이런 질문에 대해 처음에는 '왜 사악한 의도로 꿈배양을 한다는 거지?'라고 생각했다. 그런 의도는 필연적으로 자신을 괴롭고 고통스럽게 만든다. 즉각적인 카르마, 곧 즉각적인 업보를 받기 때문이다. 우리의 정신은 행동과 의도에 즉시 반응한다. 만약 당신이 남의 물건을 훔친다면 당신도 다른 사람을 점점 더 많이 의심하게 될 것이다. 심지어 편집증적으로 반응할 수도 있다. 또한 평온한 마음은 점점 사라지고 진심으로 삶을 즐길 기회도 찾기 어려워질 것이다. 그렇게 살아가는 인생은 그다지 유쾌하지 않다. 남의 물건을 훔치는 일을 그만둬야만 불행이 멈춘다. 악의가 있는 행동도 마찬가지다. 자신의 악행은 자신의 정신에 즉각적으로 부정적인 영향을 주기 때문이다.

    하지만 당신이 나쁜 의도로 꿈에게 도움을 요청한다 해도 꿈은 당신을 도울 것이다. 그로 인해 악의로 가득 찬 세력을 자신의

삶에 끌어들인다 해도, 그 어두운 힘의 도움으로 범죄를 계획한다 해도 말이다. 아프리카 전통의 '흑마술'이나 당신이 갖고 있을 수 있는 파괴적 소망에 대해서도 꿈은 '일단' 당신을 도울 것이다.

꿈배양 과정에서 빠질 수 있는 함정들

나를 바라보던 마엘레가 다시 이야기를 시작했다. "상고마는 가끔 자신을 찾아온 사람이 자신의 충고와 정해진 관례를 따르지 않아서 안타까워할 때가 있어요. 그런 사람들은 다시 찾아와서 상고마의 예언이 틀렸다며 형편없는 치유사라고 비방하기 때문이죠. 교수님도 꿈배양 과정에서 비슷한 일을 겪으실 것 같아요. 꿈이 제안하는 방식을 전혀 따르지 않으면서 꿈배양을 비난만 하는 사람들이 있지 않을까요? 꿈배양에 참여하는 사람들이 빠질 수 있는 함정으로는 어떤 것들이 있을까요?"

나는 다음과 같이 대답했다. "지금까지 자신에게 주어진 인생이 있지만 그것에 대한 저항감 때문에 꿈의 제안을 따르지 않는 사람들을 본 적이 있어요. 어떤 인간관계는 정리하고 어떤 직장은 그만두어야 할 때가 되었다는 것을 어느 정도 알면서도 그렇게 하지 않는 사람들이었죠. 미지의 세계로 모험을 떠나는 것을 두려워하고 저항하고 싶은 마음 때문에요."

나는 그로부터 몇 주 뒤 꿈의 응답을 알고 싶지 않아서 질문하고 싶지 않다고 이야기하는 사람들을 나의 꿈작업 그룹에서 우연히 만났다.

내가 몇 년 동안 발견한 꿈배양의 함정에는 세 가지 영역이 있다. 첫 번째는 사람들이 꿈을 이해하지 못한 채 꿈배양 방식을 무시하는 경우다. 두 번째는 다소 기술적인 실수인데, 질문의 수준이 조잡하거나 앞에 설명한 다섯 가지 단계 중 일부를 건너뛰는 경우다. 세 번째는 그 사람의 심리상태에 관한 것이다. 곧 태도가 잘못되었거나, 게으르고 엉성하게 꿈배양 과정을 실행하려고 하거나,

꿈배양이 신비로움과 우호적인 관계를 발전시키는 과정이라는 사실을 잊고 있는 경우다. 이 세 가지 영역을 각각 구체적인 예를 들어 설명하겠다.

먼저 사람들은 너무 성급하게 포기하거나 자신이 받은 꿈의 응답에 혼란스러워 한다. 또 충분히 시간을 들여 진지하게 복잡한 문제를 풀어보려 하지 않고 그냥 전혀 도움이 안 되는 응답이라고 치부해버린다. 당신이 이런 사람이라면 내가 제안하는 방식에 익숙해져야 하며 최소한 한 달 동안은 꼭 지켜야 한다. 꿈꾸기와 의식적으로 관계를 만들어나가는 데 그 정도의 시간이 걸린다. 그래서 그 한 달 동안 여러 가지 다른 질문들을 해보는 것이다. 가능한 한 가장 창의적인 방식으로 만들어낸 새로운 질문들을 시험 삼아 해 볼 수 있다. 이렇게 하면 자신만의 방식을 시도해보고 스스로 그 방식의 진가를 파악할 수 있다. 그리고 장기적인 안목으로 꿈배양이라는 깨달음과 성장 방식을 받아들이게 된다.

두 번째 실수는 꿈배양을 위한 질문이 살아 있지 않거나 제대로 만들어진 질문이 아닌 경우다. 이는 가장 일반적인 실수다. 이 경우에도 앞서 설명했던 다섯 가지 단계 중 한 가지를 건너뛰었을 가능성이 높다. 꿈질문을 만드는 다섯 가지 단계를 잘 따르기만 해도 이런 실수를 예방할 수 있다.

세 번째 실수는 사람들의 심리상태와 관련되어 있다. 태도에 문제가 있거나 게으르거나 수련이 부족한 사람인 경우다. 이런 사람들은 꿈배양이 신비로움과 우호적인 관계를 맺어야 한다는 사실을 잊고 잘못된 방식으로 접근한다. 또한 꿈에 대한 태도도 잘못되었으며 너무 거만하거나 조급하거나 지나치게 편협하다.

이런 실수를 저지르는 사람들은 꿈작업에 접근하는 방식도 허술하다. 꿈에게 묻는 질문을 적어 놓지 않고 잠들거나, 의식을 치르지 않고 질문을 바꿔버리거나, 아침에 일어나 전날 밤의 꿈을 기록해두지 않고 결국 꿈의 절반만 기억하기도 한다.

이 밤은 끝나가고 우리의 대화도 이렇게 마무리됩니다

마엘레와 나는 야외에 있는 작은 식당에서 저녁 식사를 하고 있었는데 갑자기 삼십 분 정도 정전이 되었다. 그러다가 발전기가 돌아가면서 실내에 조명이 일부 들어왔다. 덕분에 우리는 흐릿한 불빛과 촛불 아래에서 온화한 아프리카 여름밤의 만찬을 즐길 수 있었다. 꿈에게 도움을 요청하는 것은 탐험의 여정이다. 당신과 신비로움 그리고 꿈 사이의 관계를 만들어나가는 것이기 때문이다. 우리는 누구나 고민하고 실수하고 배우면서 그 과정에 혹시 함정이 있지는 않을까 초조해한다. 하지만 이런 과정을 거치면서 우리는 기술을 더욱 가다듬으며 세심하게 꿈과의 관계를 키워갈 수 있다.

나가며

인생이라는 게임과 꿈

우리는 살아가면서 꿈의 세상으로부터 많은 도움을 받을 수 있다. 살면서 어려운 문제에 부닥쳤을 때, 자신의 창의력을 끌어모아 맡은 프로젝트나 활동을 마무리해야 할 때, 심지어 병이 나아서 건강해지고 싶다는 소망으로 가득 차 있을 때도 꿈에게 도움을 요청하는 과정에서 마음속 열망의 정체를 분명하게 깨달을 수 있다. 이런 깨달음의 과정은 누구에게나 열려 있다. 학위도 특별한 성장 과정도 아무것도 필요 없다. 누구나 꿈과 관계를 맺고 있으며 꿈은 우리가 삶을 알차게 채워가도록 도와주고 싶어 한다는 사실만 기억하면 된다.

아무쪼록 이 책을 통해 많은 사람들이 고대로부터 내려온 '꿈의 기술'을 익히고, 꿈을 통해 재미있는 실험을 즐기며, 그 꿈의 기술을 자기만의 것으로 만들어가기를 바란다. 이는 꿈의 세상과 특별한 관계를 만들어가는 과정이다. 꿈에게 충실하면서 인생이라는 게임에 임하는 삶이다.

여기서 "당신은 모노폴리 Monopoly 게임을 하는 사람들을 본 적이 있나요?"라는 질문이 떠오른다. 대부분의 사람들은 이 질문에 "그렇다"라고 대답할 것이다. 그 게임을 하는 사람들은 몇 시간 동안 가상의 돈으로 게임판에서 가상의 부동산을 사들인다. 하지만 게임판 옆에 앉아서 게임하는 사람들을 지켜보기만 해야 한다면 지루해서 견딜 수 없을 것이다. 이처럼 '즐거움'이란 그 게임에 참여하는 동안에만 누릴 수 있다.

여러분도 그 '즐거움'을 누리기 위해 인생이라는 게임에 뛰어들기 바란다. 이기거나 지는 것은 중요하지 않다. 중요한 것은 당신이 이 게임에 몰두하는 것이다.

자신의 인생에 모든 것을 걸고 몰두하지도 않으면서, 그 인생이 당신에게 무한한 안정감을 줄 거라고 바라거나 그런 날이 올 것이라고 기대하지 말아야 한다. 자신의 승리가 확실한 경우에만 인생이라는 게임에 참여하겠다는 생각도 하지 말아야 한다. 이런 전략은 인생에서 실패하는 데 가장 확실한 방법일 뿐이다.

그렇기 때문에 인생의 결과가 아니라 자신이 참여하고 있는 과정에 주목해야 한다. 이 책에서 설명하는 꿈의 기술을 익히고 인생이라는 게임에 참여하기 바란다. 꿈에게 당신이 원하는 만큼 충분히 많이 질문하고, 꿈이 당신에게 하는 말에 귀 기울이면서 그 조언을 실천에 옮기기 바란다.

함께 풀어가는 문제들

꿈은 언제나 우리를 도와주려 한다. 그리고 우리가 자신만의 방식으로 살아가기를 바란다. 우리가 실수하거나 잠시 넘어지더라도 꿈은 크게 신경 쓰지 않는다. 우리도 이렇게 살아야 한다. 왜냐하면 우리가 인생을 즐기면서 살아갈 수 있도록 꿈은 평생 우리를 도와줄 것이기 때문이다.

사랑하는 연인을 찾고 싶거나 경제적으로 풍요롭게 살기를 바라거나 더 건강해지고 싶거나 더 훌륭한 예술가가 되고 싶은 사람들이 있다. 하지만 그들은 어쩔 수 없이 인생에서 자신의 뜻대로 할 수 없는 영역과 마주치게 된다. 그리고 그곳에서 예전에 입었던 상처와 남아 있는 문제들, 스스로 저질렀던 실수와 마주한다. 이 골칫덩어리들을 바라보는 관점이 인생에서 꿈과 즐거움을 깨닫는 데 결정적인 역할을 한다.

자신에게 가장 가혹한 존재는 자기 자신일지도 모른다. 우리는 자신의 실수와 문제를 쉽게 평가하고 스스로를 적대시한다. 하지만 그런 접근 방식을 바꿔야 한다. 바로 우리가 살면서 맞이하는 문제들을 자신이 '갖고 있는' 문제로 봐야 하며, 자기 자신을 문제라고 여기지 않아야 한다. 이렇게 하면 좀 더 거리를 두고 객관적으로 문제를 바라볼 수 있으며, 자기 자신을 너무 혐오한 나머지 온갖 방어기제를 동원할 필요도 없다.

따라서 이러한 자기 비난의 문제로 고단한 자신과 싸우고 있다면, 꿈배양 기법으로 이 문제를 해결할 실마리를 찾을 수 있다. 이 책에서 제시하는 방식을 통해 해결책을 찾을 때까지 그 문제에 대해 충분히 꿈작업을 해볼 수 있기 때문이다.

꿈꾸는 인생

꿈에서 얻은 직관과 지혜, 창의력을 구체화하면 꿈의 지혜와 의식을 자신의 인생에 깃들게 할 수 있다. 이때 우리는 꿈의 세계를 구현하고 빛나게 만드는 매개체가 된다. 그리고 자신만의 창조석인 영혼을 구체화하고 더 큰 지혜를 표현하면서 인생의 목표와 연결될 것이다. 이와 동시에 꿈의 의식을 활성화하며 글자 그대로 꿈꾸던 인생을 살게 될 것이다. 진심으로, 그 인생을 즐기기 바란다.

부록 1

로버트 보스낙의
체화된 상상력을 이용한 꿈배양

로버트 보스낙은 네덜란드의 융분석학자이며 천부적인 꿈작업가다. 그는 전 세계를 돌며 많은 사람들을 만나고 꿈을 이용해 그들을 치유하고 있으며, 지금까지 사만 오천 건 이상의 꿈작업을 해왔다. 보스낙의 꿈분석 방식은 독특할 뿐만 아니라 거의 유일하다. 그는 꿈의 의미를 알려고 하지 않는다. 곧 꿈의 내용을 해석하지 않는 방식이라는 점에서 다른 꿈분석 기법과 큰 차이가 있다.

보스낙은 자신이 개발한 '체화된 상상력'이라는 방식으로 꿈작업을 한다. 이 방식의 목적은 꿈을 해석하는 것이 아니라 꿈을 경험하는 것이다. 이 방식에서는 꿈꾼 이가 자신의 몸을 이용해 꿈속의 감정, 정서와 기분, 꿈의 등장인물들을 경험한다. 이 기법을 사용하면 꿈꾼 이는 다시 꿈속으로 들어가 다양한 의식상태를 경험할 수도 있다. 이 방법은 치유 반응이나 창의력을 촉발하는 데 매우 효과적이다. 신경과학적으로도 인정받고 있는 보스낙의 이 기법은 두 가지를 강조한다. 하나는 신체를 적극적으로 사용하는 것이고, 다른 하나는 심리적 문제를 다루고 창의력을 개발하는 경험에 접근하는 것이다. 현재 전 세계 여러 대학에서 보스낙의 기법을 가르치고 있다.

보스낙을 처음 만났을 때 나는 이십 대 초반의 학생이었다. 당시 그는 이미 학계에서 독특하고 개성 있는 연구로 두각을 나타내고 있었다. 나는 네덜란드에서 열렸던 융심리학회에 참석하고 있었다. 점심시간이 되어 식당에 줄을 서서 기다리다가 근처에 있던 보스낙 교수를 보고는 말을 걸기 위해 다가갔다. 사실 학회가 열리기 몇 주 전에, 나는 융심리학에 관한 에세이를 한 편 써서 보스낙 교수에게 보낸 다음 조언해달라고 부탁한 상태였다. 나로서는 융심리학자로부터 내 글과 수준이 어느 정도인지 평가받고 싶었다. 그리고 그는 그 학회에서 대화를 나누고 싶다고 답장했다.

그 학회에서의 만남을 계기로 나는 지금까지 보스낙 교수의 꿈 관련 연구에 참여하며 그의 가르침을 받고 있다. 삼십 대가 되어 상담심리학 전공으로 석사과정을 마친 뒤에는 로스앤젤레스에서 보스낙 교수와 함께 삼 년 동안 진행하는 체화된 상상력에 대한 훈련 프로그램에 참여했다. 최근에는 온라인 교육단체인 융플랫폼에서 그와 함께 교육과정을 진행하고 있다.

이 책을 쓰면서 체화된 상상력 기법으로 꿈을 배양하는 예를 책에서 자세히 설명하기 위해 보스낙 교수에게 연락했다. 이때 보스낙 교수와 나눈 대화는 꿈에 대해 진지한 조언을 들을 수 있던 멋진 시간이었다. 사실 그 시점에 나는 일이 잘 풀리지 않아서 힘든 상태였고, 살고 있던 곳에서도 편안함을 느끼지 못했다. 어딘가에 갇혀 있는 것 같고 외롭고 항상 피곤하고 모든 일이 지겹게 느껴졌다. 한마디로 꿈에게 다시 인도해달라고 요청할 때가 되었던 것 같다.

꿈배양과 체화된 상상력

꿈배양을 위해 보스낙 교수와 만났다. 이번 꿈배양은 앞서 다루었던 것처럼 언어로 만든 질문이 아닐 것이다. 보스낙 교수는 내 꿈이나 꿈에 대한 기억에서 내가 경험했던 두 가지 또는 그 이상의 상반된 상태를 찾아낼 것이다. 그리고 그 상태들은 내 꿈을 배양할 것이다.

보스낙 교수는 "자네는 항상 기억에 대해 작업하는군. 꿈 자체에 대해 작업하지 않아. 자네는 꿈의 기억에 대한 작업을 하는 거야"라고 말했다. 나와 같은 방식으로 꿈작업을 하고 있다면 당신도 일상 경험에서 만들어진 기억에 대한 꿈작업을 하는 것이다. 특히 당신이 꿈에게 조언을 얻고 싶어 하는 문제의 일부가 그 기억에 포함되어 있다면 더욱 그렇다. 이번에 내가 할 꿈배양도 그런 경우가 될 것이다.

보스낙 교수의 얼굴을 바라보며 의자에 앉아 있는 동안 몸이 들썩거렸다. 나의 지독한 고립감과 지루함을 극복할 수 있는 조언을 꿈으로부터 받게 될 것이라는 희망으로 마음이 가득 찼다. 꿈에게 조언을 구하려는 진지한 감정에 점점 빠져들면서, 꿈에게 도움을 갈망하는 순간마다 신성한 느낌이 밀려왔다. 이 과정의 끝에 어떤 결과가 기다리고 있을지는 모르지만, 나는 꿈이 지대한 창의력과 한 차원 높은 직관을 갖고 있다는 사실을 이미 알고 있었다. 꿈이 내 상황을 잘 이해해줄 것이라는 희망은 사라지지 않았다. 마치 내가 아스클레피오스 신전으로 향하는 순례자 무리에 합류한 것 같았다. 동시에 현대를 살고 있는 아스클레피오스 신전의 꿈작업가와 꿈배양 작업을 시작하는 느낌이 들기도 했다. 자신의 꿈배양 과정을 누군가와 함께하며 그의 지지를 받는다는 것은 의미 있는 일이며 인생에 큰 도움이 된다는 사실을 다시 한번 깨달았다. 물론 꿈배양 과정에 새로운 경험을 한 가지 더한 것도 사실이다.

먼저 보스낙 교수에게 요즘 내 삶에서 어딘가에 갇혀 있는 것 같다는 심경을 털어놓았다. 나의 꿈배양 작업에서 보스낙 교수는 답답한 느낌의 원인보다는 내가 경험하고 있는 그 답답한 감정을 이해하는 데 집중할 터였다.

보스낙 교수는 먼저 그 답답한 느낌이 정말 강렬했던 상황 중 기억나는 순간이 있는지 물었다. 또 내가 떠올린 순간이 어떤 공간에서 언제 벌어졌는지 물었다. 그 답답함을 강렬하게 느낀 순간은 지난주 토요일이었고, 나는 골똘히 생각에 빠진 채 소파에 앉아 있었다고 대답했다.

그러자 지난 토요일에 있었던 일이 갑자기 떠올랐다. 나는 지루하고 외로운 상태로 소파에 앉아 있었는데, 에너지가 부족하다는 느낌과 함께 모든 것이 엉망이라는 생각이 들었다. 그 상황을 바꾸기 위해서는 뭔가 다른 일을 해야 한다는 것을 머리로는 잘 알고 있었지만, 몸은 무기력하게만 느껴졌다. 거의 모든 것이 지루하게 느껴지는 지독한 악순환이 계속되고 있었다. 나는 사실 교만해지지 않고 넓은 관점에서 상황을 이해하려고 노력하는 편이다. 나 자신을 위해 그렇게 노력하는 것이며, 때로는 소리 내어 이렇게 말하기도 한다. "나는 집을 갖고 있습니다. 나는 아프지 않습니다. 이 모든 것 덕분에 행복하고 싶습니다." 하지만 평소에 그랬던 나는 보스낙 교수를 만나 이렇게 말하고 말았다. "사는 게 재미가 없어요. 지금 즐겁게 살고 있는 것 같지 않아요."

교수는 진지하게 나를 바라보며 말했다. "좋아, 그 감정을 느껴보게. 재미없고 행복하지 않은 자네의 인생을 느껴봐. 그리고 그 감정이 자네의 몸에서 무슨 일을 하는지 느껴야 해." 그러자 갑자기 몸이 무거워졌다.

보스낙 교수가 물었다. "자네, 그냥 지겨워진 건가?" 전적으로 완벽하게 맞는 말이었다. 나는 어딘가에 꽁꽁 묶여서 답답함을 느끼고 있었다. "그 소파에서 얼마나 답답했는지 느껴보게." 그렇게 말하고는 그 순간의 기억을 다시 떠올릴 수 있도록 계속 질문했다. 그러자 지난 토요일의 그 순간이 똑같이 재현되고 있음을 느꼈다. 보스낙 교수는 "초저녁인가? 밖은 아직 환한가? 주변에서 무슨 소리가 들리는가? 뭔가를 마시고 있는가? (차, 물 아니면 다른 음료수라도)" 등의 질문을 했다. 이런 질문들 덕분에 나는 지난 토요일의 한 장면으로 완벽히 순간 이동할 수 있었다. 나는 소파에 앉아서 어떤 기분이었는지 느끼고, 내 집 거실을 둘러보고 몸이 어땠는지 다시 기억해낼 수 있었다.

보스낙 교수는 내가 그 순간을 좀 더 깊은 부분까지 경험할 수 있도록 도와주었다. "그 상황에 어떻게 갇히게 되었는지 느껴보고 주변에서 아무것도 움직이지 않는다는 것도 느껴보게." 나는 몸에서 에너지가 빠져나가고 있음을 느꼈고 그 느낌에 저항하고 있었다. 사실 처음 겪는 상황은 아니었다. 이전에도 여러 번 경험한 느낌이었다. 그런 감각을 계속 갖고 있으면 내가 우울해지리라는 사실도 알고 있었다. 교수가 말했다. "자네는 이미 침체된 상태야. 우울의 정의 가운데 하나는 바로 에너지가 신체를 떠나는 거지. 그 에너지가 몸의 어느 부분에서 빠져나가는 것 같은가?"

다리 위쪽에서 가장 강하게 느껴졌다. 그곳에서 에너지가 빠져나가는 것 같았다. 그러고 나서 보스낙 교수는 몸의 어느 부분에서 갇혀 있는 느낌, 지루하고 외로우며 에너지가 부족한 감정과 감각을 가장 많이 경험하는지 찾아냈다. 나는 잠시 그 경험에 머물렀다. 그러고 나서 고도로 신체화된 그 감각과 감정의 경험을 계속 유지할 수 있었다. 이 지점을 보스낙 교수는 앵커 포인트 anchor point 라고 부른다. 이 지점에 자신의 경험을 단단히 고정해두면 나중에 그 지점으로 다시 돌아갈 수 있다.

지금까지 체화된 첫 번째 경험을 찾았으니, 다음으로 그와 상반되는 감정상태를 찾아야 한다. 내가 갇혀 있는 느낌에 깊이 빠진 경우, 그와 상반되는 경험은 기억이나 꿈에서 주로 발견할 수 있다. 또 다른 꿈속 등장인물이나 사물에서 발견되는 경우도 적지 않다.

두 번째 체화된 경험을 만들어내기 위해 교수는 나에게 등의 느낌에 집중하면서 앉아 있던 소파에 등을 부딪쳐보라고 했다. 그 소파의 느낌이 어떤지, 소파가 딱딱한지 부드러운지 물었다. 나는 한숨을 쉬며 너무 친숙하다고 대답했다. 그곳에 너무 오래 앉아 있었다. 교수는 소파에 대한 감정이 아니라 소파 그 자체를 경험할 수 있는지 궁금해했다. 그리고 다시 한번 소파 자체를 경험해보라고 했다. "자네의 등과 엉덩이로 소파를 느껴보게. 소파에 쿠션이 있다는 걸 생각하고 소파의 뒷면을 느껴보게. 이 소파가 어떤 소재로 만들어졌는지 생각해보게."

나는 그 소파가 부드럽고 유연하다는 사실을 알고 있었다. 교수는 쿠션이 얼마나 부드러운지 느낄 수 있냐고 물었고, 어떤 물질과 비슷한지도 생각해보라고 했다. 그 소파는 유연해서 모양이 쉽게 변한다. 교수는 쉽게 변하고 잘 동화하며 새로운 것을 받아들이고 흡수할 것 같은 소파가 무엇과 비슷한지 생각해보라고 계속 이야기했다.

그 소파의 특징은 한쪽으로 치우치지 않고 상당히 중립적이라는 느낌이 들었다. 그래서 상상할 수 있는 물건의 범위도 그만큼 넓어졌다. 놀랍게도 소파 자체가 지루하게 느껴지지는 않았다. 소파는 유연하고 중립적이며 서두르지 않고 아무 문제 없이 그저 현재에 충실하게 자신의 임무를 수행하고 있었다. 훌륭한 소파의 존재감이 내 어깨 쪽에서 느껴졌다.

교수는 말했다. "유연하고 중립적인 소파를 하나의 몸이라고 생각하고 어깨에서 계속 느껴보게. 소파의 어느 부분이 특히 자네를 순순히 잘 받아들이는지도 생각해보게." 가슴과 어깨 부분에서 분명하고 강하게 느꼈다. 교수가 말했다. "그 소파의 가슴과 어깨 부분 말일세, 그 부분이 자네 자신이 아닌 소파에 있다는 점에 주의하게. 얼마나 유연한지 주목해보게. 그 부분이 어떻게 자네를 받아들이는지도."

그 단계에 이르자 더 따뜻하고 더 밝고 더 쉬워졌다는 느낌이 들었다. 교수는 그때 두 번째 앵커 포인트를 만들어냈다. 이번에는 순응적이고 유연하며 수용적이고 더 밝고 따뜻한 소파의 두 번째 앵커 포인트를 어깨 부분으로 잡았다.

이제 우리는 두 가지 체화된 경험을 갖게 되었고 이 두 가지를 꿈배양에 사용했다. 교수는 나에게 자리에 앉아 이 두 가지 경험을 몇 분 동안 반복해서 기억해보라고 했다. 교수는 그 과정을 마치며, 잠자리에 들기 전 몇 번 정도 이 두 가지 경험을 의식처럼 반복해서 느끼라고 당부했다.

그날 이후 삼 일 동안 내가 꾸었던 꿈에 대해 보스낙 교수와 이야기를 나누었다. 나는 보통 꿈배양 이후 꿈을 꾸면 매일 다루는 편인데, 교수는 삼 일 동안 꾸었던 꿈을 한 번에 다룬다. 이런 방식은 꿈과 동의해서 다양하게 바꿀 수 있다. 여러분도 자신에게 맞는 방식으로 꿈과 소통하기 위해 새로운 방식을 시험해볼 수 있다.

이 체화된 상상력을 이용한 꿈배양을 사용할 때는 문장 형식으로 꿈에게 질문하지 않는다. 하지만 한두 가지 체화된 상태를 꿈에게 드러내 보여줌으로써 꿈의 반응을 이끌어낼 수 있다.

나에게 반응으로 돌아온 꿈들

첫 번째 꿈에서, 나는 거리를 걷고 있는데 광장의 왼쪽에 네덜란드에서 고등학교를 다닐 때부터 친하게 지낸 오랜 친구를 발견한다. 나는 그를 알아본 순간 너무 행복해졌고 그 친구와 그의 아내에게 인사를 건넨다. 그러고 나서 한두 명의 사람들과 함께 카페로 들어간다. 그곳에서 내 어머니와 어머니 친구 다섯 분을 만난다. 어머니를 만나서 놀랍고 기쁘다. 그리고 그곳에서 재밌고 유쾌한 시간을 보낸다.

장면이 바뀌어, 1990년대 암스테르담에서 내가 자주 갔던 록

시라는 클럽으로 들어간다. 그곳에서 나는 재밌는 친구들과 어울리며 금세 분위기에 취한다. 멋진 음악이 흐르는 클럽에서 흥미로운 사람들과 함께하고 있으며, 어쩌면 미래의 여자친구를 그곳에서 만나게 될지도 모른다고 생각한다. 내 친구가 테킬라 네 잔을 주문하고 그중 한 잔을 내가 마신다.

이 꿈을 꾸고 나서 잠에서 깨자, 내가 그리워하는 것에 대한 꿈이라는 사실을 바로 깨달았다. 좋은 친구들, 웃음, 멋진 장소들, 나와 잘 맞는 파트너를 만날 가능성 같은 것들 말이다. 나는 그 꿈에서 경험한 것들을 계속 머릿속에 떠올리며 즐거움과 애정, 삶의 희열을 다시 느껴보았다.

다음 날 밤에는 네덜란드로 향하는 비행기에서 잠을 청해야 했기 때문에 어떤 꿈을 꾸었는지 기억하지 못한다. 하지만 세 번째 밤이 돌아왔을 때 나는 다음과 같은 꿈을 꾸었다. 나는 그날 암스테르담에서 처음 만난 한 여성, 융심리학계에서 잘 알려진 한 남성과 대화를 하고 있다. 나는 속박적 자아 limiting self 에 대해 이야기하고 있다. 그들은 나에게 가지 말고 속박적 자아에 대해 더 설명해달라고 한다.

장면이 바뀌어, 나는 대학교 건물 안에 있는 연단에 서 있고 청중이 있다. 나는 즉흥 연설 형태로 심리학적 개념에 대해 짧게 발표할 예정인데 그 주제가 속박적 자아다. 약간 겁을 먹긴 했지만 이내 순조롭게 발표를 시작하며 대중에게 말한다. "속박적 자아에 대해 작업할 때 필요한 중요한 기술은 모두 내려놓는 것입니다. 그렇게 하면 비로소 모든 것이 생명력을 얻습니다." 이 꿈을 꾸고 나서, 내 안의 속박적 자아와 숨 막힐 듯한 우울감으로부터 좀 더 자발적으로 벗어나기 위해 집중했다.

나는 보스낙 교수와 체화된 상상력 기법을 사용해 다시 한번 이 꿈들에 대해 작업했다. 이 과정에서 다양한 층위와 속박적 자아를 통해 내가 느끼는 감정을 알 수 있었고, 그런 특징들이 자연스럽게 반복되고 있음을 깨달았다. 나에게 지독한 우울감이 찾아왔기에 경험할 수 있었던 깨달음이었다. 몇 달이 지난 뒤에는 이전의 상태로 완전히 돌아와 인생에 집중하며 다시 열성적으로 살게 되었다. 보스낙 교수와 함께 했던 꿈배양 작업은 우울감을 극복하는 과정에서 긍정적인 힘이 되어준 것이 분명하다.

여러분이 이러한 기법을 사용해 꿈분석을 한다면 어떤 감정상태에 이르게 될 것이다. 그때 중요한 것은 신체의 어느 부분에서 그 감정을 느낄 수 있는지 확인하고 그 감정을 꿈배양에 이용하는 것이다.

부록 2

꿈에게 할 수 있는 질문

인간관계

- 어떻게 하면 안정적인 애착 관계를 만들 수 있나요?
- 꿈에게 부탁합니다. 버림받은 제 자신의 모습을 꿈에서 보여줄 수 있나요?
- 영혼의 동반자를 찾기 위해 무슨 일을 해야 하나요?
- 어떻게 하면 사랑의 덫을 만들 수 있나요? (루미)
- 저는 어떤 방식으로 연애할 때 더 상처받나요?
- 제 아버지(어머니, 상사, 연인)와 묵은 감정을 어떻게 풀 수 있을까요?
- 저의 어떤 행동 때문에 연인을 찾지 못하는 건가요?
- (인간관계에서 어떤 일이 실제로 일어나고 있는지 알고 싶다면 이렇게 질문해보기

바랍니다) 저와 'X'라는 사람은 어떤 사이인가요?
- 어떻게 하면 제 연인을 더 많이 사랑할 수 있나요?

삶의 행로
- 지금 이 순간에 가장 집중하기 위해 무엇이 필요할까요?
- 꿈에게 부탁합니다. 제가 보거나 알아야 할 중요한 것이 있다면 알려주시겠어요?
- 오늘 밤 꿈에서 제 인생 목표를 찾을 수 있는 방법을 구체적으로 설명해주세요.
- 지금 제가 제 자신을 방해하는 영역을 못 보고 있다면 어떤 부분인지 알려주세요.

개인의 성장
- 제 분노의 근원은 무엇인가요?
- 어떤 분야에서는 아무리 노력해도 실패하게 되는 이유가 무엇인가요?
- 제가 잠들었을 때, 제 문제를 해결하도록 도와주실 수 있나요?
  (슬픔, 분노, 인내, 연인과 관련된 문제에 대해서)
- 지금 저를 방해하는 가장 큰 속박적 신념은 무엇인가요? (이 질문

에 답을 받았다면 그다음 질문으로) 이 속박적 신념을 어떻게 극복할 수 있나요?

건강

- 제 식단에 추가하거나 꾸준히 먹어야 할 음식 한 가지를 권해주세요.
- 제 식단에서 빼야 할 음식이 한 가지 있다면 무엇일까요?
- 어떻게 하면 더 건강해질 수 있나요?
- 더 건강해지기 위해 매일 어떤 활동을 해야 하나요?

재정, 존중감, 자기 가치

- 저는 재정 문제에 어떤 가치를 두고 있나요?
- 자존감을 높이기 위해 할 수 있는 한 가지 일은 무엇인가요?
- 어떤 것이 저를 풍요롭게 느끼도록 해줄까요?
- 어떻게 하면 건강하게 관대함을 키워갈 수 있나요?
- 돈은 저에게 어떤 의미인가요?
- 제가 갖고 있는 돈에 대한 무의식적인 믿음 중에서 꼭 알아야 할 한 가지는 무엇인가요?
- 돈에 대한 제 신념 중에 방해물 한 가지는 무엇일까요?

영적 탐구

- 세상을 떠난 친척을 만나게 해주세요.

- 제 친척에게 묻고 싶어요. 저에게 전해줄 메시지가 있나요?

- 제가 세상을 떠난 다음에는 어떻게 될까요?

- 제 영적 안내자를 만나고 싶어요.

- 제 영적 안내자와 어떻게 관계를 맺을 수 있나요?

- 철학적 개념을 이해할 수 있도록 도와주세요. ((최선을 다해 이해하려고 노력한 다음에는) 예를 들면, "인생 사전 계약 life contract 이란 무엇인가요? 인생 회고 life review 는 무엇인가요? 카르마는 무엇인가요?" 등)

- 우주의 목적은 무엇인가요?

- 별들이 움직이는 밤 동안에 제가 무엇을 하는지 볼 수 있게 해주세요.

창의력

- (어떤 책에 관한 질문이라면) 그 등장인물은 지금 어떤 일을 할 수 있을까요?

- 회화나 소묘 실력을 어떻게 향상할 수 있나요?

- 지금 제가 그릴 수 있는 이미지를 보내주세요.

- (만약 당신이 사업체를 운영하고 있으며 그것을 성장시키고 싶다면) 제 사업체

에서 제공하는 혜택을 받는 고객을 더 많이 늘리려면 어떻게 해야 할까요?

즐거움

- 기분이 좋아지는 기쁨에 가득 찬 꿈을 꾸고 싶어요.
- 오늘 밤 꿈에서 웃어보고 싶어요.
- 제 인생에서 즐거운 시간이 더 많아지도록 도와줄 수 있는 멋진 활동으로는 어떤 게 있을까요?
- 더 많이 웃고 어떤 상황에서도 유머를 잃지 않기 위해 어떤 인생관을 가져야 할지 알려주세요.
- 어떻게 하면 진심으로 더 많이 웃을 수 있나요?

악몽

- 꿈속의 괴물에게 묻습니다. 저를 위한 메시지가 있나요?
- 꿈속의 추적자에게 묻습니다. 저에게 원하는 것이 있나요?
- 어떻게 하면 (꿈의 주제를 여기에 넣으세요)에 대한 제 불안을 더 잘 다룰 수 있나요?

미주

제3장

1. "When Gandhi Dreamed of Resistance: The Committee in Non-Western Cultures." http://jackiewhiting.net/Psychology/Sleep/DreamNonWest.htm.
2. A. McCoy, and Y. Siang, "Otto Loewi(1873-1961): Dreamer and Nobel Laureate," *Singapore Medical Journal* 55(1)(January 2014): 3-4. http://www.ncbi.nlm.nih.gov/pmc/articles/PMC4291908.
3. Sonu Shamdasani, editor, *Introduction to Jungian Psychology*(Princeton, Princeton University Press, 2011), 25.

제4장

1. *The Holy Bible English Standard Version*(2016), Matthew 7:7.
2. *Quran* 40:60.
3. Marie-Louise von Franz, *Archetypal Dimensions of the Psyche*(Boston: Shambhala, 1999), 293.
4. Patrick Harpur, *The Secret Tradition of the Soul*(Berkeley: North Atlantic Books, 2011), 91-92.
5. Michael Meade, *The Genius Myth*(Housatonic, MA: Green Fire Press, 2016).
6. C. G. Jung, trans. Richard and Clara Winston, *Carl Jung's Memories, Dreams, Reflec-*

tions(New York: Vintage Books, 1989), 413, 418.
7. Patrick Harpur, *Daimonic Reality: A Field Guide to the Otherworld*(Enumclaw, WA: Pine Winds Press, 2003).
8. James Hillman, *The Soul's Code*(New York: Ballantine Books, 2017), 39-40.
9. James Hillman, *The Soul's Code*(New York: Ballantine Books, 2017), 39-40.
10. C. G. Jung, trans. Richard and Clara Winston, *Carl Jung's Memories, Dreams, Reflections*(New York: Vintage Books, 1989), 413, 418.
11. Steve Jobs, Stanford Commencement Address, June 2, 2005.
https://www.youtube.com/watch?v=UF8uR6Z6KLc.
12. Patrick Harpur, *The Secret Tradition of the Soul*(Berkeley: North Atlantic Books, 2011), 112.

제5장

1. Joan C. Hartan, *Working the Day Shift: Using Dream Incubation to Change Your Life* (Createspace Independent Publishing Platform, 2014), 33, 34.
2. Iain R. Edgar, *The Dream in Islam: From Qur'anic Tradition to Jihadist Inspiration*(New York: Berghahn Books, 2016), 42, 45.
3. Kelly Bulkeley, *Dreaming in the World's Religions: A Comparative History*(New York: New York University Press, 2008), 108.
4 Meredith Sabini, "Incubated Dreaming: A Natural Spiritual Instinct," *Dream Time* 1, No. 3(Winter 2004), 20-21.
http://dream-institute.org/wp-content/uploads/21.3_WI04_ DreamTime_Sabini.pdf.
5. Jordan Lite, "How Can You Control Your Dreams?" *Scientific American*, July 29, 2010, http://www.scientificamerican.com/article/how-to-control-dreams.
6. Deirdre Barrett, "The 'Committee of Sleep': A Study of Dream Incubation for Problem Solving," Dreaming 3, No. 2(1993).
http://www.asdreams.org/journal/articles/barrett3-2.htm.

제6장

1. C. G. Jung, trans. Richard and Clara Winston, *Carl Jung's Memories, Dreams, Reflections*(New York: Vintage Books, 1989), 192-193.

제7장

1. Emma Jung and Marie-Louise von Franz, *The Grail Legend*(Princeton: Princeton University Press, 1998), 295.
2. Robert A. Johnson, *He: Understanding Masculine Psychology*(New York: Perennial Library, 2020), 11, 79.

제9장

1. TEDxMileHigh, "How to Ask Better Questions," July 17, 2015. https://www.youtube.com/watch?v=J8xfuCcXZu8&feature=youtu.be.
2. Robert Waggoner, *Lucid Dreaming: Gateway to the Inner Self*(Needham, MA: Moment Point Press, 2008), 141.
3. Lelyveld, How *Questions Affect Answers*(October 5, 1986,) 65-76. https://courses.eller.arizona.edu/mgmt/delaney/p_chapter6.pdf.

세10장

1. Robert Waggoner, *Lucid Dreaming: Gateway to the Inner Self*(Needham, MA: Moment Point Press, 2008), 109-125.
2. Kelly Bulkeley, *Dreaming in the World's Religions: A Comparative History*(New York: New York University Press, 2008), 31.
3. Robert Bosnak, "Inviting Creative Genius into Your Life: Class 2." https://jungplatform.com/store/invite-creative-genius-into-your-life.
4. Emma Edelstein and Ludwig Edelstein, *Asclepius: Collection and Interpretation of the Testimonies*(Baltimore: The Johns Hopkins University Press, 1988), 188, 190.

제12장

1. Judith Harris, editor, *The Quotable Jung*(Princeton, New Jersey: Princeton University Press, 2015), 70, 71, 74.
2. C. G. Jung, *The Red Book: Liber Novus*(New York: W. W. Norton & Company, 2009).
3. Robert Waggoner, *Lucid Dreaming: Gateway to the Inner Self*(Needham, MA: Moment Point Press, 2008).
4. Jolande Jacobi, editor, *C. G. Jung: Psychological Reflections*(Princeton: Princeton University Press, 1973).
5. Interview on *De Wandeling* with Sander de Kramer, 2015.
6. C. G. Jung, *Man and His Symbols*(New York: Dell Publishing, 1968), 161.

제13장

1. Marianne Williamson, *A Return to Love: Reflections on the Principles of A Course in Miracles*(New York: HarperOne, 1996).
2. *The Holy Bible*, The King James Version, Matthew 26:39.
3. Friedrich Nietzsche, *The Gay Science: With a Prelude in Rhymes and an Appendix of Songs*(New York: Vintage Books, 1974).

옮긴이_ 홍연주

미시간 주립대학교에서 커뮤니케이션 석사학위를 받았다. 이후 글밥아카데미에서 출판과 영상 번역과정을 수료했다. 현재 동국대학교 불교대학원 명상심리상담학과에 재학 중이며, 융심리상담학회와 꿈분석아카데미 회원으로 활동하고 있다.

꿈속에서 답을 찾다

초판 1쇄 인쇄 · 2025년 2월 15일
초판 1쇄 발행 · 2025년 2월 20일

지은이 · 마히엘 클러크
옮긴이 · 홍연주
펴낸이 · 조한라
펴낸 곳 · 상상벼리

출판등록 · 2021년 7월 12일
주소 · (10898) 경기도 파주시 가온로205
전화 · 010-7638-5578
팩스 · 031-624-2561

블로그 · blog.naver.com/sangsangbyeori
이메일 · sangsangbyeori@naver.com

ISBN 979-11-975286-1-3 03180
정가 18,000원

이 책은 저작권법에 의하여 보호를 받는 저작물이므로 무단전재와 무단복재를 금합니다.

상상벼리에서는 인생 첫 책을 내고 싶은 모든 분들의 원고를 기다리고 있습니다.
상상벼리가 여러분의 소중한 이야기를 책으로 엮어 드립니다.
sangsangbyeori@naver.com
sangsangbyeori@gmail.com

꿈에게 묻는 밤, 드림나이트

the Dream Night

년   월   일   날씨

꿈질문 Dream Question

꿈의식 the ritual for Dream Incubation

꿈의 응답 Answer from the Dream

꿈응답에 대한 느낌 Feelings about the Dream

꿈분석 Dream Analysis

년　　　월　　　일　　　날씨

꿈질문 Dream Question

꿈의식 the ritual for Dream Incubation

꿈의 응답 Answer from the Dream

꿈응답에 대한 느낌 Feelings about the Dream

꿈분석 Dream Analysis

년   월   일   날씨

꿈질문 Dream Question

꿈의식 the ritual for Dream Incubation

꿈의 응답 Answer from the Dream

꿈응답에 대한 느낌 Feelings about the Dream

꿈분석 Dream Analysis

　　　　　　　　년　　　월　　　일　　　날씨

꿈질문 Dream Question

꿈의식 the ritual for Dream Incubation

꿈의 응답 Answer from the Dream

꿈응답에 대한 느낌 Feelings about the Dream

꿈분석 Dream Analysis

년   월   일   날씨

꿈질문 Dream Question

꿈의식 the ritual for Dream Incubation

꿈의 응답 Answer from the Dream

꿈응답에 대한 느낌 Feelings about the Dream

꿈분석 Dream Analysis

년　　　월　　　일　　　날씨

꿈질문 Dream Question

꿈의식 the ritual for Dream Incubation

꿈의 응답 Answer from the Dream

꿈응답에 대한 느낌 Feelings about the Dream

꿈분석 Dream Analysis

년   월   일   날씨

꿈질문 Dream Question

꿈의식 the ritual for Dream Incubation

꿈의 응답 Answer from the Dream

꿈응답에 대한 느낌 Feelings about the Dream

꿈분석 Dream Analysis

년   월   일   날씨

꿈질문 Dream Question

꿈의식 the ritual for Dream Incubation

꿈의 응답 Answer from the Dream

꿈응답에 대한 느낌 Feelings about the Dream

꿈분석 Dream Analysis

년   월   일   날씨

꿈질문 Dream Question

꿈의식 the ritual for Dream Incubation

꿈의 응답 Answer from the Dream

꿈응답에 대한 느낌 Feelings about the Dream

꿈분석 Dream Analysis

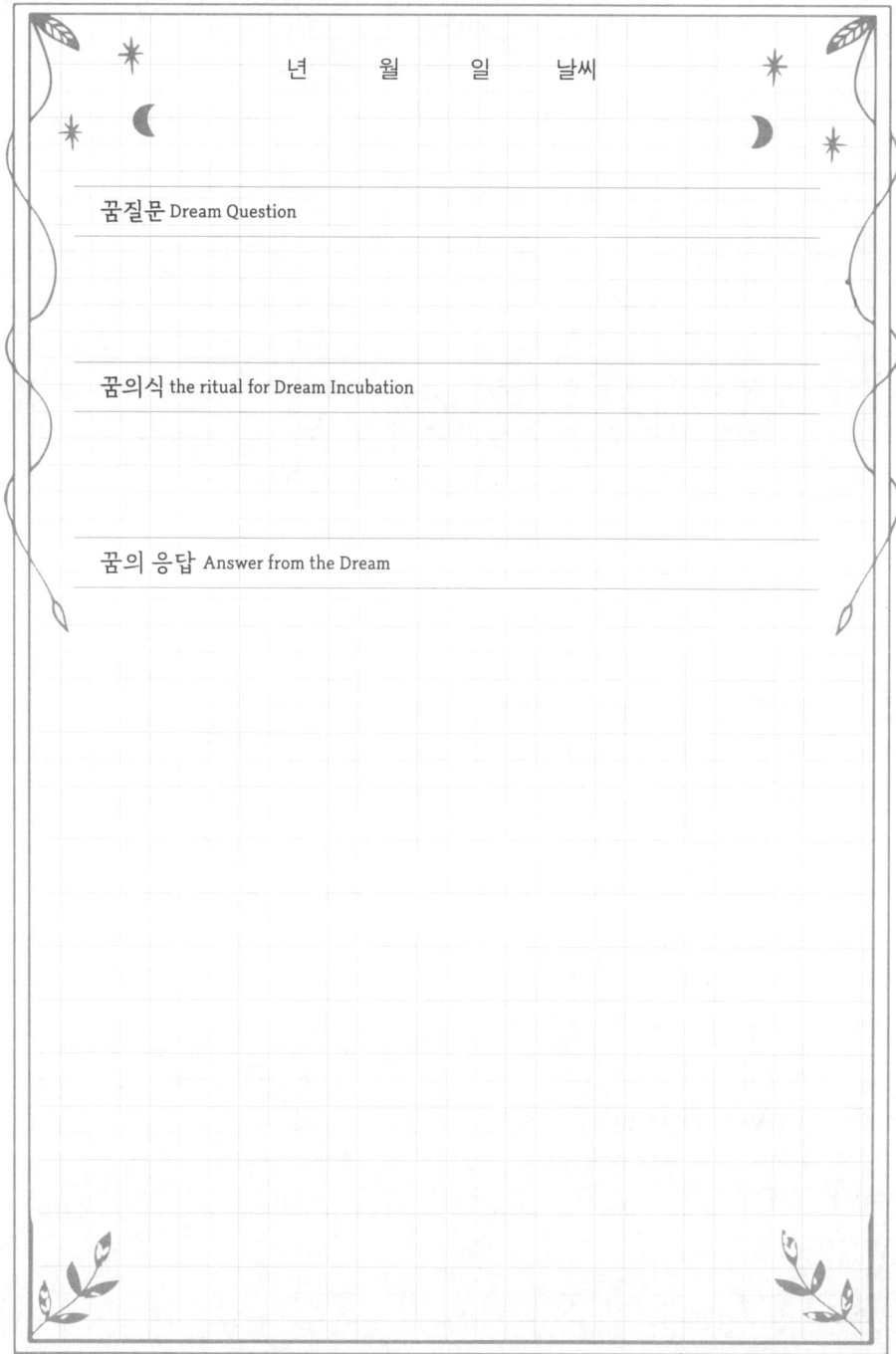

　　　　　　　년　　　월　　　일　　　날씨

꿈질문 Dream Question

꿈의식 the ritual for Dream Incubation

꿈의 응답 Answer from the Dream

꿈응답에 대한 느낌 Feelings about the Dream

꿈분석 Dream Analysis

년   월   일   날씨

꿈질문 Dream Question

꿈의식 the ritual for Dream Incubation

꿈의 응답 Answer from the Dream

꿈응답에 대한 느낌 Feelings about the Dream

꿈분석 Dream Analysis

년   월   일   날씨

꿈질문 Dream Question

꿈의식 the ritual for Dream Incubation

꿈의 응답 Answer from the Dream

꿈응답에 대한 느낌 Feelings about the Dream

꿈분석 Dream Analysis

년   월   일   날씨

꿈질문 Dream Question

꿈의식 the ritual for Dream Incubation

꿈의 응답 Answer from the Dream

꿈응답에 대한 느낌 Feelings about the Dream

꿈분석 Dream Analysis

년   월   일   날씨

꿈질문 Dream Question

꿈의식 the ritual for Dream Incubation

꿈의 응답 Answer from the Dream

꿈응답에 대한 느낌 Feelings about the Dream

꿈분석 Dream Analysis

년   월   일   날씨

꿈질문 Dream Question

꿈의식 the ritual for Dream Incubation

꿈의 응답 Answer from the Dream

꿈응답에 대한 느낌 Feelings about the Dream

꿈분석 Dream Analysis

년   월   일   날씨

꿈질문 Dream Question

꿈의식 the ritual for Dream Incubation

꿈의 응답 Answer from the Dream

꿈응답에 대한 느낌 Feelings about the Dream

꿈분석 Dream Analysis

　　　　　　　년　　　월　　　일　　　날씨

꿈질문 Dream Question

꿈의식 the ritual for Dream Incubation

꿈의 응답 Answer from the Dream

꿈응답에 대한 느낌 Feelings about the Dream

꿈분석 Dream Analysis

년   월   일   날씨

꿈질문 Dream Question

꿈의식 the ritual for Dream Incubation

꿈의 응답 Answer from the Dream

꿈응답에 대한 느낌 Feelings about the Dream

꿈분석 Dream Analysis

년   월   일   날씨

꿈질문 Dream Question

꿈의식 the ritual for Dream Incubation

꿈의 응답 Answer from the Dream

꿈응답에 대한 느낌 Feelings about the Dream

꿈분석 Dream Analysis

년   월   일   날씨

꿈질문 Dream Question

꿈의식 the ritual for Dream Incubation

꿈의 응답 Answer from the Dream

꿈응답에 대한 느낌 Feelings about the Dream

꿈분석 Dream Analysis

　　　　　　　년　　　월　　　일　　　날씨

꿈질문 Dream Question

꿈의식 the ritual for Dream Incubation

꿈의 응답 Answer from the Dream

꿈응답에 대한 느낌 Feelings about the Dream

꿈분석 Dream Analysis

년   월   일   날씨

꿈질문 Dream Question

꿈의식 the ritual for Dream Incubation

꿈의 응답 Answer from the Dream

꿈응답에 대한 느낌 Feelings about the Dream

꿈분석 Dream Analysis

년   월   일   날씨

꿈질문 Dream Question

꿈의식 the ritual for Dream Incubation

꿈의 응답 Answer from the Dream

꿈응답에 대한 느낌 Feelings about the Dream

꿈분석 Dream Analysis

년   월   일   날씨

꿈질문 Dream Question

꿈의식 the ritual for Dream Incubation

꿈의 응답 Answer from the Dream

꿈응답에 대한 느낌 Feelings about the Dream

꿈분석 Dream Analysis

년   월   일   날씨

꿈질문 Dream Question

꿈의식 the ritual for Dream Incubation

꿈의 응답 Answer from the Dream

꿈응답에 대한 느낌 Feelings about the Dream

꿈분석 Dream Analysis

년   월   일   날씨

꿈질문 Dream Question

꿈의식 the ritual for Dream Incubation

꿈의 응답 Answer from the Dream

꿈응답에 대한 느낌 Feelings about the Dream

꿈분석 Dream Analysis

년   월   일   날씨

꿈질문 Dream Question

꿈의식 the ritual for Dream Incubation

꿈의 응답 Answer from the Dream

꿈응답에 대한 느낌 Feelings about the Dream

꿈분석 Dream Analysis

년   월   일   날씨

꿈질문 Dream Question

꿈의식 the ritual for Dream Incubation

꿈의 응답 Answer from the Dream

꿈응답에 대한 느낌 Feelings about the Dream

꿈분석 Dream Analysis

년   월   일   날씨

꿈질문 Dream Question

꿈의식 the ritual for Dream Incubation

꿈의 응답 Answer from the Dream

꿈응답에 대한 느낌 Feelings about the Dream

꿈분석 Dream Analysis

년   월   일   날씨

꿈질문 Dream Question

꿈의식 the ritual for Dream Incubation

꿈의 응답 Answer from the Dream

꿈응답에 대한 느낌 Feelings about the Dream

꿈분석 Dream Analysis

년   월   일   날씨

꿈질문 Dream Question

꿈의식 the ritual for Dream Incubation

꿈의 응답 Answer from the Dream

꿈응답에 대한 느낌 Feelings about the Dream

꿈분석 Dream Analysis

년   월   일   날씨

꿈질문 Dream Question

꿈의식 the ritual for Dream Incubation

꿈의 응답 Answer from the Dream

꿈응답에 대한 느낌 Feelings about the Dream

꿈분석 Dream Analysis

년   월   일   날씨

꿈질문 Dream Question

꿈의식 the ritual for Dream Incubation

꿈의 응답 Answer from the Dream

꿈응답에 대한 느낌 Feelings about the Dream

꿈분석 Dream Analysis

년   월   일   날씨

꿈질문 Dream Question

꿈의식 the ritual for Dream Incubation

꿈의 응답 Answer from the Dream

꿈응답에 대한 느낌 Feelings about the Dream

꿈분석 Dream Analysis

　　　　년　　　월　　　일　　　날씨

꿈질문 Dream Question

꿈의식 the ritual for Dream Incubation

꿈의 응답 Answer from the Dream

꿈응답에 대한 느낌 Feelings about the Dream

꿈분석 Dream Analysis

년   월   일   날씨

꿈질문 Dream Question

꿈의식 the ritual for Dream Incubation

꿈의 응답 Answer from the Dream

꿈응답에 대한 느낌 Feelings about the Dream

꿈분석 Dream Analysis

년   월   일   날씨

꿈질문 Dream Question

꿈의식 the ritual for Dream Incubation

꿈의 응답 Answer from the Dream

꿈응답에 대한 느낌 Feelings about the Dream

꿈분석 Dream Analysis

년   월   일   날씨

꿈질문 Dream Question

꿈의식 the ritual for Dream Incubation

꿈의 응답 Answer from the Dream

꿈응답에 대한 느낌 Feelings about the Dream

꿈분석 Dream Analysis

꿈응답에 대한 느낌 Feelings about the Dream

꿈분석 Dream Analysis

년   월   일   날씨

꿈질문 Dream Question

꿈의식 the ritual for Dream Incubation

꿈의 응답 Answer from the Dream

꿈응답에 대한 느낌 Feelings about the Dream

꿈분석 Dream Analysis

년   월   일   날씨

꿈질문 Dream Question

꿈의식 the ritual for Dream Incubation

꿈의 응답 Answer from the Dream

꿈응답에 대한 느낌 Feelings about the Dream

꿈분석 Dream Analysis

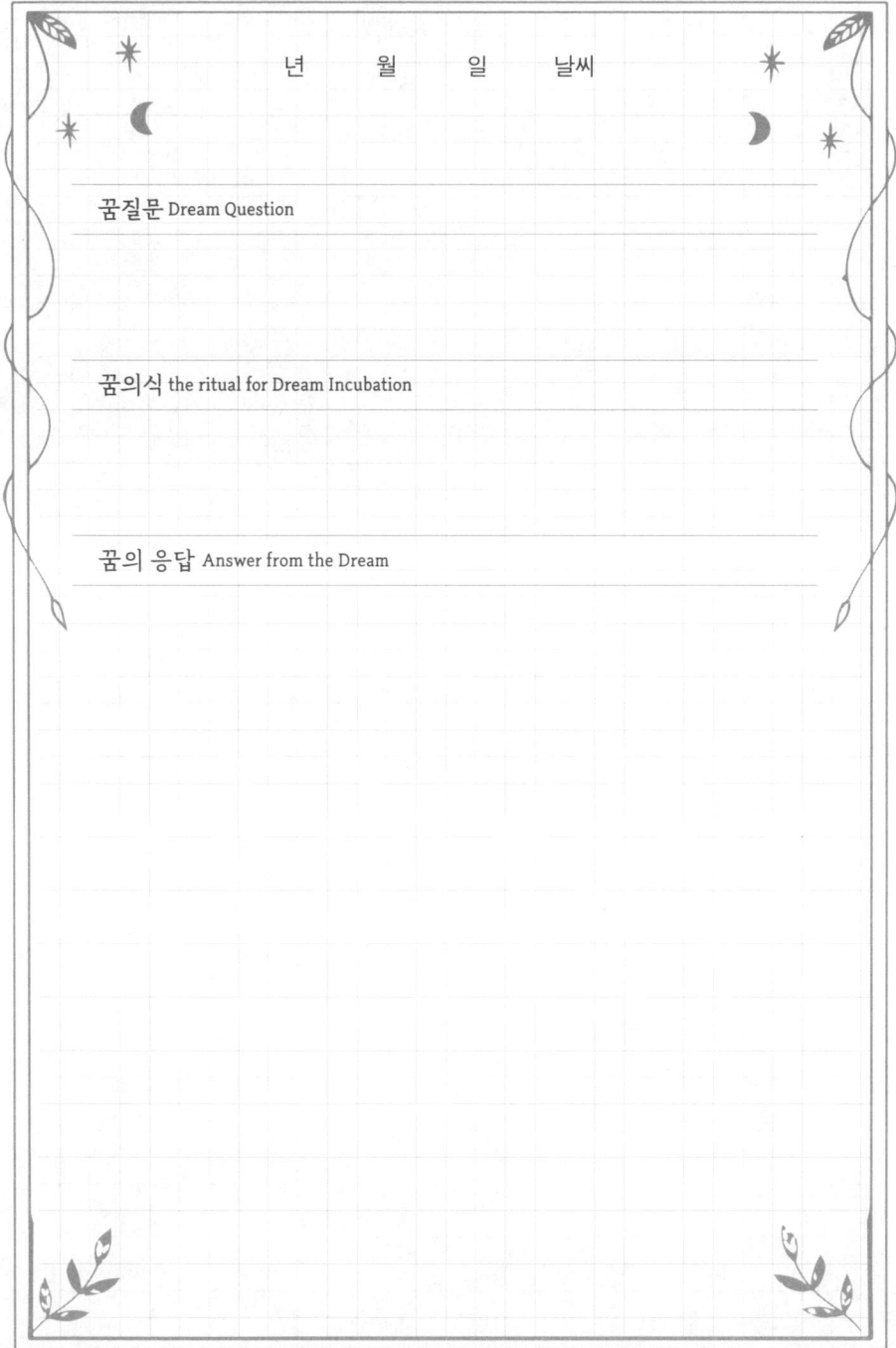

년　　　월　　　일　　　날씨

꿈질문 Dream Question

꿈의식 the ritual for Dream Incubation

꿈의 응답 Answer from the Dream

꿈응답에 대한 느낌 Feelings about the Dream

꿈분석 Dream Analysis

년   월   일   날씨

꿈질문 Dream Question

꿈의식 the ritual for Dream Incubation

꿈의 응답 Answer from the Dream

꿈응답에 대한 느낌 Feelings about the Dream

꿈분석 Dream Analysis

년　　　월　　　일　　　날씨

꿈질문 Dream Question

꿈의식 the ritual for Dream Incubation

꿈의 응답 Answer from the Dream

꿈응답에 대한 느낌 Feelings about the Dream

꿈분석 Dream Analysis

년   월   일   날씨

꿈질문 Dream Question

꿈의식 the ritual for Dream Incubation

꿈의 응답 Answer from the Dream

꿈응답에 대한 느낌 Feelings about the Dream

꿈분석 Dream Analysis

년   월   일   날씨

꿈질문 Dream Question

꿈의식 the ritual for Dream Incubation

꿈의 응답 Answer from the Dream

꿈응답에 대한 느낌 Feelings about the Dream

꿈분석 Dream Analysis

년   월   일   날씨

꿈질문 Dream Question

꿈의식 the ritual for Dream Incubation

꿈의 응답 Answer from the Dream

꿈응답에 대한 느낌 Feelings about the Dream

꿈분석 Dream Analysis

꿈응답에 대한 느낌 Feelings about the Dream

꿈분석 Dream Analysis

년   월   일   날씨

꿈질문 Dream Question

꿈의식 the ritual for Dream Incubation

꿈의 응답 Answer from the Dream

꿈응답에 대한 느낌 Feelings about the Dream

꿈분석 Dream Analysis

년   월   일   날씨

꿈질문 Dream Question

꿈의식 the ritual for Dream Incubation

꿈의 응답 Answer from the Dream

꿈응답에 대한 느낌 Feelings about the Dream

꿈분석 Dream Analysis

년　　월　　일　　날씨

꿈질문 Dream Question

꿈의식 the ritual for Dream Incubation

꿈의 응답 Answer from the Dream

꿈응답에 대한 느낌 Feelings about the Dream

꿈분석 Dream Analysis

년   월   일   날씨

꿈질문 Dream Question

꿈의식 the ritual for Dream Incubation

꿈의 응답 Answer from the Dream

꿈응답에 대한 느낌 Feelings about the Dream

꿈분석 Dream Analysis

년   월   일   날씨

꿈질문 Dream Question

꿈의식 the ritual for Dream Incubation

꿈의 응답 Answer from the Dream

꿈응답에 대한 느낌 Feelings about the Dream

꿈분석 Dream Analysis

꿈응답에 대한 느낌 Feelings about the Dream

꿈분석 Dream Analysis

년   월   일   날씨

꿈질문 Dream Question

꿈의식 the ritual for Dream Incubation

꿈의 응답 Answer from the Dream

꿈응답에 대한 느낌 Feelings about the Dream

꿈분석 Dream Analysis

년   월   일   날씨

꿈질문 Dream Question

꿈의식 the ritual for Dream Incubation

꿈의 응답 Answer from the Dream

꿈응답에 대한 느낌 Feelings about the Dream

꿈분석 Dream Analysis

년   월   일   날씨

꿈질문 Dream Question

꿈의식 the ritual for Dream Incubation

꿈의 응답 Answer from the Dream

꿈응답에 대한 느낌 Feelings about the Dream

꿈분석 Dream Analysis

년   월   일   날씨

꿈질문 Dream Question

꿈의식 the ritual for Dream Incubation

꿈의 응답 Answer from the Dream

꿈응답에 대한 느낌 Feelings about the Dream

꿈분석 Dream Analysis

년   월   일   날씨

꿈질문 Dream Question

꿈의식 the ritual for Dream Incubation

꿈의 응답 Answer from the Dream

꿈응답에 대한 느낌 Feelings about the Dream

꿈분석 Dream Analysis

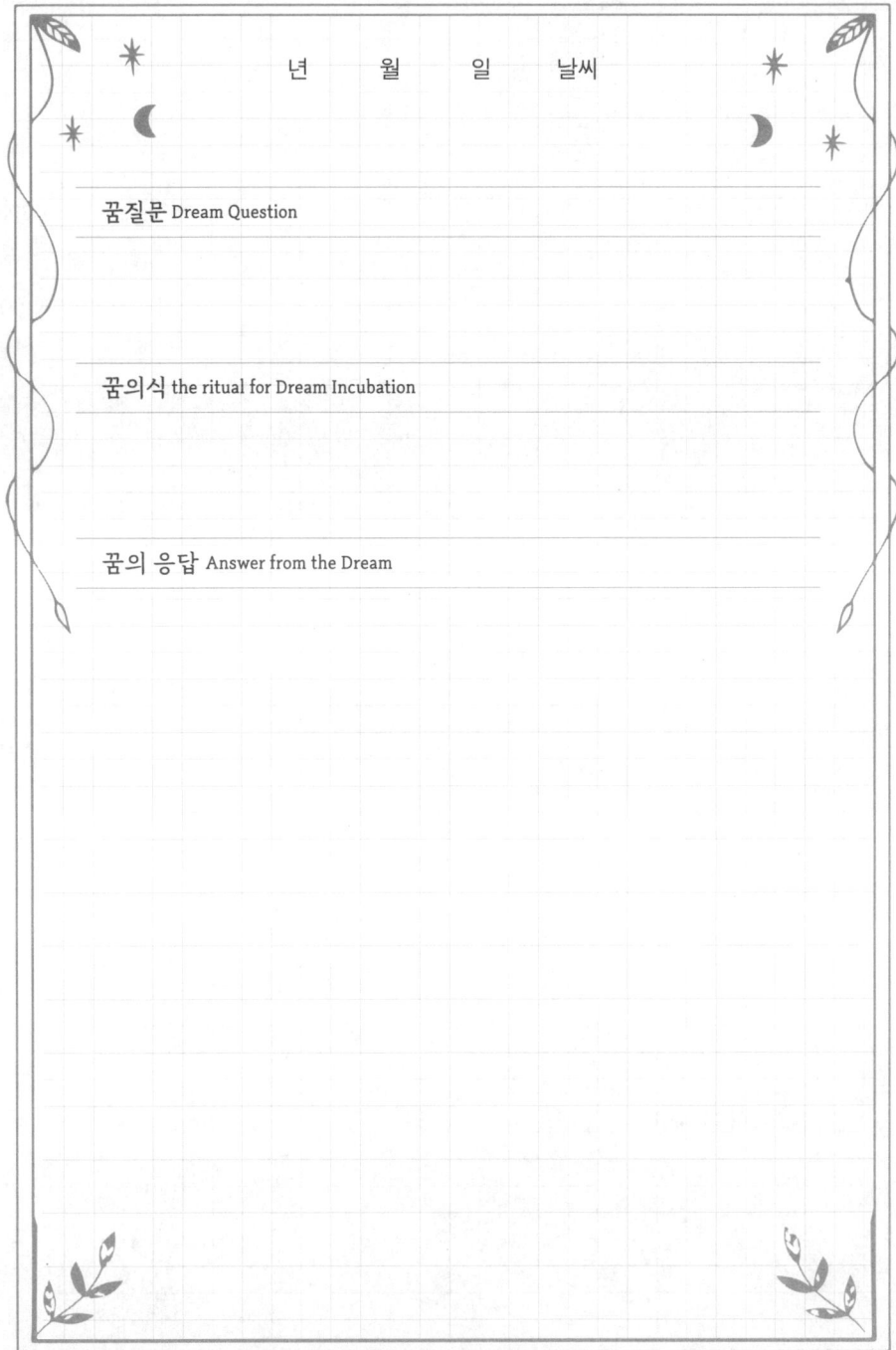

　　　　　　년　　　월　　　일　　　날씨

꿈질문 Dream Question

꿈의식 the ritual for Dream Incubation

꿈의 응답 Answer from the Dream

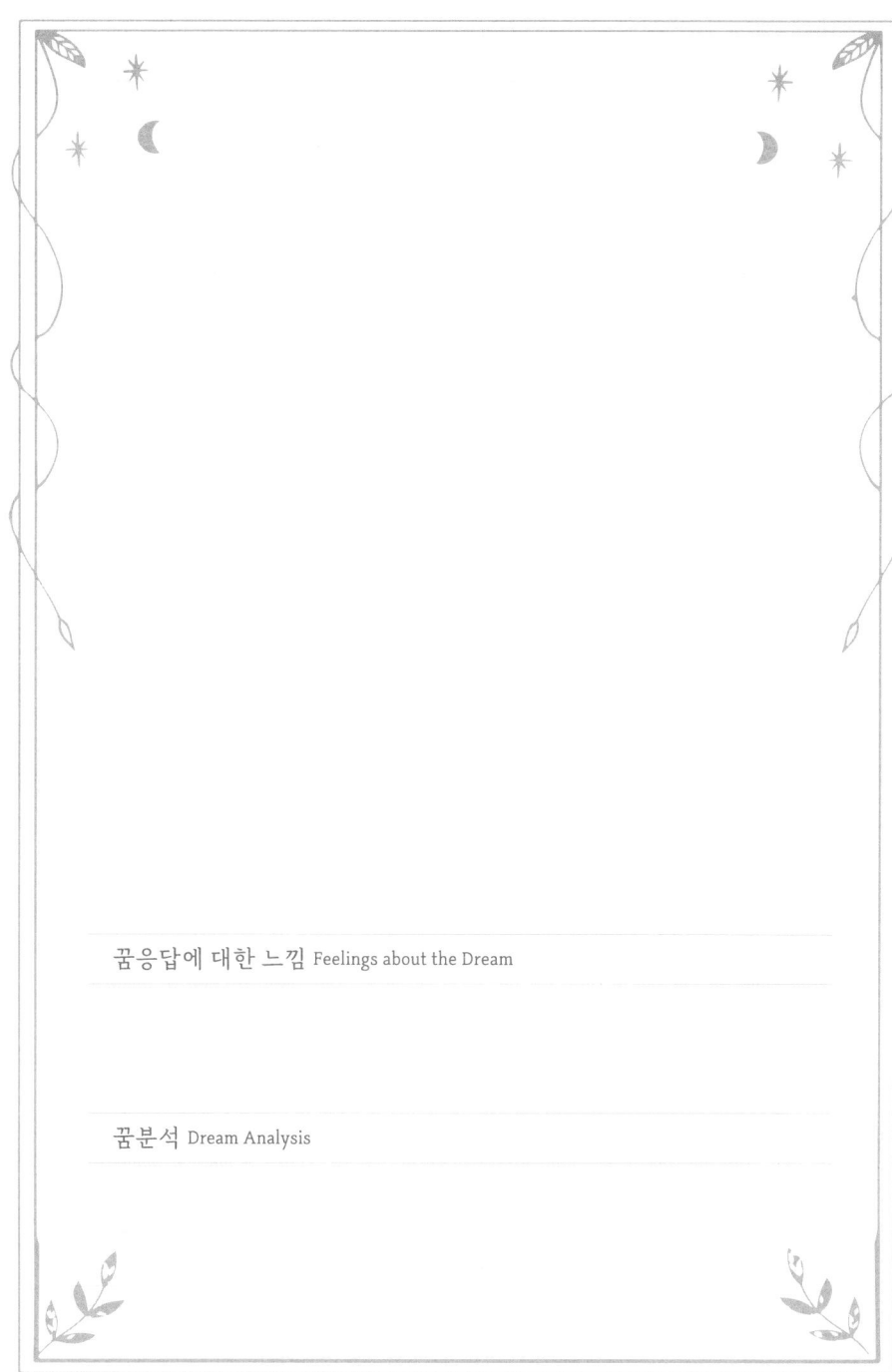

꿈응답에 대한 느낌 Feelings about the Dream

꿈분석 Dream Analysis

꿈응답에 대한 느낌 Feelings about the Dream

꿈분석 Dream Analysis

년   월   일   날씨

꿈질문 Dream Question

꿈의식 the ritual for Dream Incubation

꿈의 응답 Answer from the Dream

꿈응답에 대한 느낌 Feelings about the Dream

꿈분석 Dream Analysis

년   월   일   날씨

꿈질문 Dream Question

꿈의식 the ritual for Dream Incubation

꿈의 응답 Answer from the Dream

꿈응답에 대한 느낌 Feelings about the Dream

꿈분석 Dream Analysis

년   월   일   날씨

꿈질문 Dream Question

꿈의식 the ritual for Dream Incubation

꿈의 응답 Answer from the Dream

꿈응답에 대한 느낌 Feelings about the Dream

꿈분석 Dream Analysis

　　　　　년　　　월　　　일　　　날씨

꿈질문 Dream Question

꿈의식 the ritual for Dream Incubation

꿈의 응답 Answer from the Dream

꿈응답에 대한 느낌 Feelings about the Dream

꿈분석 Dream Analysis

　　　　년　　　월　　　일　　　날씨

꿈질문 Dream Question

꿈의식 the ritual for Dream Incubation

꿈의 응답 Answer from the Dream

꿈응답에 대한 느낌 Feelings about the Dream

꿈분석 Dream Analysis

년   월   일   날씨

꿈질문 Dream Question

꿈의식 the ritual for Dream Incubation

꿈의 응답 Answer from the Dream

꿈응답에 대한 느낌 Feelings about the Dream

꿈분석 Dream Analysis

년   월   일   날씨

꿈질문 Dream Question

꿈의식 the ritual for Dream Incubation

꿈의 응답 Answer from the Dream

꿈응답에 대한 느낌 Feelings about the Dream

꿈분석 Dream Analysis

년   월   일   날씨

꿈질문 Dream Question

꿈의식 the ritual for Dream Incubation

꿈의 응답 Answer from the Dream

꿈응답에 대한 느낌 Feelings about the Dream

꿈분석 Dream Analysis

년   월   일   날씨

꿈질문 Dream Question

꿈의식 the ritual for Dream Incubation

꿈의 응답 Answer from the Dream

꿈응답에 대한 느낌 Feelings about the Dream

꿈분석 Dream Analysis

년   월   일   날씨

꿈질문 Dream Question

꿈의식 the ritual for Dream Incubation

꿈의 응답 Answer from the Dream

꿈응답에 대한 느낌 Feelings about the Dream

꿈분석 Dream Analysis

년   월   일   날씨

꿈질문 Dream Question

꿈의식 the ritual for Dream Incubation

꿈의 응답 Answer from the Dream

꿈응답에 대한 느낌 Feelings about the Dream

꿈분석 Dream Analysis

년   월   일   날씨

꿈질문 Dream Question

꿈의식 the ritual for Dream Incubation

꿈의 응답 Answer from the Dream

꿈응답에 대한 느낌 Feelings about the Dream

꿈분석 Dream Analysis

년   월   일   날씨

꿈질문 Dream Question

꿈의식 the ritual for Dream Incubation

꿈의 응답 Answer from the Dream

꿈응답에 대한 느낌 Feelings about the Dream

꿈분석 Dream Analysis

년   월   일   날씨

꿈질문 Dream Question

꿈의식 the ritual for Dream Incubation

꿈의 응답 Answer from the Dream

꿈응답에 대한 느낌 Feelings about the Dream

꿈분석 Dream Analysis

년   월   일   날씨

꿈질문 Dream Question

꿈의식 the ritual for Dream Incubation

꿈의 응답 Answer from the Dream

꿈응답에 대한 느낌 Feelings about the Dream

꿈분석 Dream Analysis

년   월   일   날씨

꿈질문 Dream Question

꿈의식 the ritual for Dream Incubation

꿈의 응답 Answer from the Dream

꿈응답에 대한 느낌 Feelings about the Dream

꿈분석 Dream Analysis

년   월   일   날씨

꿈질문 Dream Question

꿈의식 the ritual for Dream Incubation

꿈의 응답 Answer from the Dream

꿈응답에 대한 느낌 Feelings about the Dream

꿈분석 Dream Analysis

년   월   일   날씨

꿈질문 Dream Question

꿈의식 the ritual for Dream Incubation

꿈의 응답 Answer from the Dream

꿈응답에 대한 느낌 Feelings about the Dream

꿈분석 Dream Analysis

년   월   일   날씨

꿈질문 Dream Question

꿈의식 the ritual for Dream Incubation

꿈의 응답 Answer from the Dream

꿈응답에 대한 느낌 Feelings about the Dream

꿈분석 Dream Analysis

년   월   일   날씨

꿈질문 Dream Question

꿈의식 the ritual for Dream Incubation

꿈의 응답 Answer from the Dream

꿈응답에 대한 느낌 Feelings about the Dream

꿈분석 Dream Analysis

년   월   일   날씨

꿈질문 Dream Question

꿈의식 the ritual for Dream Incubation

꿈의 응답 Answer from the Dream

꿈응답에 대한 느낌 Feelings about the Dream

꿈분석 Dream Analysis

년   월   일   날씨

꿈질문 Dream Question

꿈의식 the ritual for Dream Incubation

꿈의 응답 Answer from the Dream

꿈응답에 대한 느낌 Feelings about the Dream

꿈분석 Dream Analysis

년   월   일   날씨

꿈질문 Dream Question

꿈의식 the ritual for Dream Incubation

꿈의 응답 Answer from the Dream

꿈응답에 대한 느낌 Feelings about the Dream

꿈분석 Dream Analysis

년   월   일   날씨

꿈질문 Dream Question

꿈의식 the ritual for Dream Incubation

꿈의 응답 Answer from the Dream

꿈응답에 대한 느낌 Feelings about the Dream

꿈분석 Dream Analysis

년   월   일   날씨

꿈질문 Dream Question

꿈의식 the ritual for Dream Incubation

꿈의 응답 Answer from the Dream

꿈응답에 대한 느낌 Feelings about the Dream

꿈분석 Dream Analysis

년   월   일   날씨

꿈질문 Dream Question

꿈의식 the ritual for Dream Incubation

꿈의 응답 Answer from the Dream

꿈응답에 대한 느낌 Feelings about the Dream

꿈분석 Dream Analysis

년   월   일   날씨

꿈질문 Dream Question

꿈의식 the ritual for Dream Incubation

꿈의 응답 Answer from the Dream

꿈응답에 대한 느낌 Feelings about the Dream

꿈분석 Dream Analysis

년   월   일   날씨

꿈질문 Dream Question

꿈의식 the ritual for Dream Incubation

꿈의 응답 Answer from the Dream

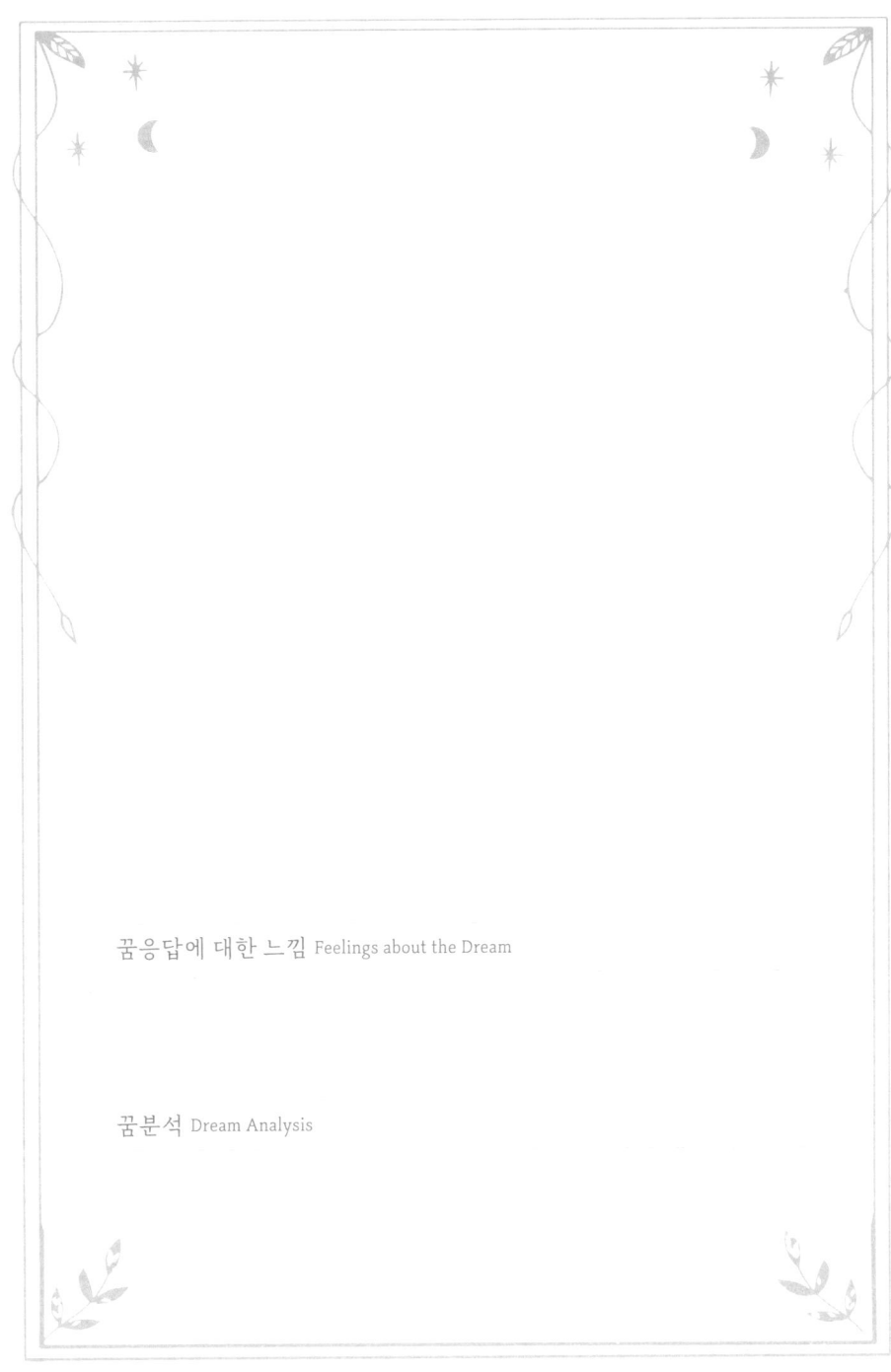

꿈응답에 대한 느낌 Feelings about the Dream

꿈분석 Dream Analysis

　　　　년　　월　　일　　날씨

꿈질문 Dream Question

꿈의식 the ritual for Dream Incubation

꿈의 응답 Answer from the Dream

꿈응답에 대한 느낌 Feelings about the Dream

꿈분석 Dream Analysis

년   월   일   날씨

꿈질문 Dream Question

꿈의식 the ritual for Dream Incubation

꿈의 응답 Answer from the Dream

꿈응답에 대한 느낌 Feelings about the Dream

꿈분석 Dream Analysis

년   월   일   날씨

꿈질문 Dream Question

꿈의식 the ritual for Dream Incubation

꿈의 응답 Answer from the Dream

꿈응답에 대한 느낌 Feelings about the Dream

꿈분석 Dream Analysis

년   월   일   날씨

꿈질문 Dream Question

꿈의식 the ritual for Dream Incubation

꿈의 응답 Answer from the Dream

꿈응답에 대한 느낌 Feelings about the Dream

꿈분석 Dream Analysis